Du bist der Atem meines Lebens

Das Frauengebetbuch

Herausgegeben von
Benedikta Hintersberger OP,
Andrea Kett,
Hildegund Keul,
Aurelia Spendel OP

Patmos Verlag

Das Gebet hat große Macht,
das ein Mensch verrichtet mit seiner ganzen Kraft.
Es macht ein bitteres Herz süß,
ein trauriges Herz froh,
ein armes Herz reich,
ein törichtes Herz weise,
ein zaghaftes Herz kühn,
ein schwaches Herz stark,
ein blindes Herz sehend,
eine kalte Seele brennend.
Es zieht den großen Gott in ein kleines Herz,
Es treibt die hungrige Seele hinauf zu dem Gott der Fülle .

MECHTHILD VON MAGDEBURG (UM 1207–1282)

INHALT

VORWORT

Liebe Leserin,

das *Frauengebetbuch* lädt Sie dazu ein, das Leben mit seinen Licht- und Schattenseiten ins Gebet zu nehmen. Leben und beten gehören für viele Menschen zusammen. Die einen beten spontan. Die anderen suchen nach Texten, die ihnen wie ein Geländer beim Beten helfen. Manche beten nur in den besonderen Zeiten ihres Lebens, anderen ist das regelmäßige Beten eine gute Gewohnheit, mit der sie denken, fühlen und träumen, leiden, arbeiten und lieben. Ob für das persönliche Gebet oder den gemeinsamen Gottesdienst, ob in der Seelsorge oder der Verbandsarbeit, ob im Berufs- oder Familienleben – wir hoffen, dass sich mit diesem Buch Schatztruhen öffnen, in denen Sie große und kleine Kostbarkeiten christlichen Betens finden.

Acht Verben leiten durch das Buch. Sie zeigen, dass etwas geschieht, wenn Menschen beten. Sie entwerfen ein Gottesbild, das uns sehr am Herzen liegt: Gott geht mit, wartet, bittet, erschafft, spricht, droht, liebt, vergibt. Wenn frau Gott so verstehen kann, tauchen Gottesbilder auf, die spüren lassen, wie lebendig sein Leben mit den Menschen ist.

Jedes Verb enthält eine Spannung, die auch in den Gebeten zum Ausdruck kommt: Wo sich schmerzliches »Zerbrechen« ereignet, kann Raum für einen Neuanfang entstehen; die Routine des »Abwaschens« kann zermürbend sein, gibt aber auch dem freien Gedankenfluss Raum. Die Zuordnung der Gebete zu den einzelnen Kapiteln wurzelt in unseren Gesprächen und ist daher subjektiv gefärbt, deshalb könnte fast jedes Gebet auch unter einem anderen Verb, in einem anderen Kapitel zu finden sein. Ein Stichwortverzeichnis erschließt die vielfältigen inhaltlichen Bezüge, die über unsere Einteilung hinaus denkbar sind.

Der Blick in die Traditionen des Betens eröffnet Horizonte, Frauengebete aus verschiedenen Zeiten unterstützen die Suche nach Worten für uns heute. Der Rückhalt bei den Ahninnen des Glaubens ist uns wichtig. Deshalb finden Sie unter den zahlreichen Gebeten viele »Klassikerinnen«. Gleichermaßen liegen uns die Stimmen von Frauen der Gegenwart am Herzen, die ins Gebet nehmen, was Frauen heute bewegt.

Unser Dank gilt allen Frauen, die ihre Lieblingsgebete eingeschickt oder eigene Gebete zur Verfügung gestellt haben. Unser Dank gilt auch der Lektorin Andrea Langenbacher, die mit schöpferischer Engelsgeduld unsere vagabundierenden Ideen in Händen hielt.

Möge mit dem *Frauengebetbuch* Leben zur Sprache kommen, Hoffnung wachsen, Verzweiflung gemildert und Geisteskraft geweckt werden.

Benedikta Hintersberger OP
Andrea Kett
Hildegund Keul
Aurelia Spendel OP

anfangen gemeinsam
sein zerbrechen frei sein
abwaschen Schätze
heben schweigen
heil werden anfangen
gemeinsam sein zer-
brechen frei sein ab-
waschen Schätze heben
schweigen heil werden
anfangen gemeinsam
sein zerbrechen frei
sein abwaschen Schätze
heben schweigen heil
werden anfangen

Erschaffe mich

O Gott-Liebe,
mich hast du erschaffen:
In deiner Liebe erschaffe mich neu.

GERTRUD VON HELFTA (1256–1301/2)

Heute

Am Beginn dieses Tages
gehen unsere Gedanken zu dir, Gott:
Wir glauben dich in unserer Mitte.

An diesem Morgen
suchen wir deine Nähe, Gott:
Wir glauben dich an unserer Seite.

In dieser Stunde
hören wir deinen Ruf, Gott:
Wir glauben dich auf unserem Weg.

Die Zeit zwischen gestern und morgen
leben wir im Vertrauen auf dich, Gott:
Wir glauben uns in deiner Hand geborgen.

CHRISTEL VOSS-GOLDSTEIN

Am Morgen

Bevor der Tag
mich wieder nimmt
mit seinem Vielen
Zwei Augenblicke
auch einen mehr

Die Augen erheben
zu den Wipfeln der Bäume
fensterwärts
Und Dich grüßen

Für diesen langen Tag
bitten

Komm aus der Helle des Morgens
des werdenden Tags
Sei in unserer Arbeit, beim Mahl, beim Gespräch
Sei da, Der-DU-DA-BIST

THERESIA HAUSER

Aussäen

Samenkorn Freude,
heute will ich dich ausstreuen
in die Erde der Traurigkeit,
in das Beet der Eintönigkeit.

Samenkorn Hoffnung,
heute will ich dich säen
in die Furche der Verzweiflung,
in die schmalen Pflasterritzen des Aufgebens.

Samenkorn Frieden,
heute will ich dich ausstreuen
zwischen den Mauern der Feindschaft,
zwischen das Gestrüpp der Unversöhnlichkeit.

Samenkorn Gerechtigkeit,
heute will ich dich säen
in den verdichteten Boden des Profits
in den steinigen Boden der Habgier.

Samenkorn Vertrauen,
heute will ich dich ausstreuen
in die schmalen Beete des Misstrauens,
an die Wegränder aufeinander zu.

Schöpfer Gott, Liebhaberin des Lebens,
bereite du den Boden,
lass keimen die Saaten,

lass wachsen
Freude,
Hoffnung,
Frieden,
Gerechtigkeit,
Vertrauen
unter uns.

CLAUDIA NIETSCH-OCHS

Ich stehe vor Dir, Gott,
gebunden an die Erde, die Du liebst.
Hände zeigen zum Boden.

Ich stehe vor Dir, Gott,
ausgestreckt zum Himmel, den Du versprichst.
Hände sind gerade nach oben ausgestreckt.

Ich stehe vor Dir, Gott,
als Tochter des Himmels und der Erde.
*Eine Hand ist nach oben ausgestreckt, die andere zeigt
zum Boden.*

Ich stehe vor Dir, Gott,
und bin offen für Dich und das Geschenk dieses Tages.
Hände offen vor dem Bauch, bilden eine Schale.

QUELLE UNBEKANNT

Ein neues Jahr

Gott unserer Zukunft,
Du hältst die Fäden in der Hand,
Du drängst Dich auf,
Du bist still nah,
Du siehst so weit,
Du hörst unseren Schrei,
Du bist da.

Lass uns Dir zutrauen,
unser Leben zu entwirren,
die Sorge zu vertreiben,
Schritte im Dunkeln
zu gehen mit uns.

Lass uns Dir zutrauen,
uns kundig die Füße zu waschen,
uns sicher zu halten,
uns spüren zu lassen,
dass Du nur Gutes willst.

Ein neues Jahr,
ein neuer Anfang,
Dein Abdruck und Atem schon jetzt.

AURELIA SPENDEL OP

Segen für ein neugeborenes Kind

Willkommen auf der Erde, du neugeborenes Kind.
Du warst geborgen in meinem Schoß,
umhüllt von meinem Körper.
Du bist gewachsen in deinem ersten Zuhause,
bis du die Reise in diese Welt angetreten bist.

Willkommen auf der Erde, du neugeborenes Kind.
Wir freuen uns, dass du da bist,
und nehmen dich in unsere Arme.
Wir wollen dir ein zweites Zuhause geben,
bis du in deinem Leben weiterreist.

Willkommen auf der Erde, du neugeborenes Kind.
Du sollst dich hier entfalten können
und den Himmel manchmal geöffnet sehen.
Wir bitten Gott um seine Aufmerksamkeit,
er möge dich segnen auf jedem Schritt.

CHRISTIANE BUNDSCHUH-SCHRAMM

Menschwerdung

Gott,
Du bist
heruntergekommen aus den Höhen
ausgebrochen aus den Statuen
geflohen aus dem Gold antiker Tempel
Mensch geworden durch eine Frau
Kind geworden
klein
hilflos
angewiesen
anwesend
bei den Menschen
mit den Menschen lebend
mit den Menschen lachend
mit den Menschen leidend
machtlos
gegen Unmenschlichkeit
machtlos
gegen Kriegsmaschinerien

Sei immer da
mit Deiner Kraft
mit Deiner Liebe
wo Menschen Deine liebende Nähe brauchen

Menschwerdung Gottes
Hoffnungszeichen für die Welt

CHRISTINE PHILIPSEN

Ich glaube an Gott
die Kraft,
die uns wie am ersten Schöpfungstag
ins Leben ruft.

Und an Jesus Christus,
das Gotteskind,
von Maria zur Welt gebracht.
Das gottbegabte Menschenkind
hat mit Brüdern und Schwestern gelebt,
sie geheilt und aufgerichtet,
doch gelitten
unter den Menschen,
die an das Gesetz des Todes glaubten.
Ist hineingegangen
in die Mitte des Todes,
wurde von Menschen
in ein Grab getragen,
von Gott
neu ins Leben gerufen.
Er sitzt an der Seite
der Ohnmächtigen,
denen Gott die Macht verleiht.
Von dort
kommt die Botschaft zum Leben
an die Lebenden und die Toten.

Ich glaube,
daß Gottes Geist
lebendig macht,

zur Liebe befähigt,
zur Vergebung ruft,
zur Wachsamkeit drängt
und zum Leben auffordert
ewig.
Amen.

HEIDI ROSENSTOCK

Öffne meine Augen

Öffne meine Augen, Gott,
Deine Herrlichkeit in der Vielfalt
von Pflanzen und Blumen zu sehen.

Öffne meine Ohren, Gott,
Deine Stimme im Vogelgesang
und im Rauschen der Blätter
zu hören.

Öffne mein Herz, Gott,
Deine Liebe in der Fülle
von Früchten und Samen
zu erahnen.

Öffne meine Hände, Gott,
Deine Schöpfung
zu pflegen und zu bewahren.

Öffne mein Leben, Gott,
und mach mich fähig,
Dich in allem zu erkennen.

ANDREA REHN-LARYEA

Lobpreis und Wandlung

Gott, Schöpferin Du,
am Tag und in der Nacht
preise ich Dich für die Wunder Deiner Hände.
Mit jedem Morgenrot, jedem Vogelruf,
mit aller Stille und jedem Licht
atmest Du Dich mir ein.
Einzig bist Du.

Schöne und weise und gute Freundin,
wandle zur Frucht, gehaltvoll und schmackhaft,
wandle zum Wasser, zum kühlen und klaren,
wandle zum Baum, kraftvoll und standfest,
wandle zum Wind, beweglich und sanft,
wandle mich in Dich,
damit ich Dir diene,
Dich höre und spüre,
verstehe und sehe,
was Auferstehung ist.

AURELIA SPENDEL OP

Geh, meine Schwester! Dort in deiner neuen Aufgabe, deiner neuen Mission, deiner neuen Erde, deinem neuen Vater- und Mutterland wird dein Leben von Jesus Christus und seinem Evangelium erzählen. Du wirst den Armen dienen. Du wirst für diejenigen da sein, die aus der Tischgesellschaft des Lebens ausgeschlossen sind, wirst ihre Füße waschen, wirst mit Menschen sprechen, die nie »dazugehört« haben.

Geh mit viel Feingefühl auf die Menschen zu, auf ein anderes Volk, eine andere Kultur, andere Traditionen.

Wenn du dort ankommst, wirst du sicher vieles von daheim vermissen und vieles fremd empfinden, was dir begegnen wird – Gewohnheiten, Bräuche, Sitten.

Aber dränge, ich bitte dich, niemandem deine Ideen auf und tu nicht so, als würdest du selbst aus dem Paradies kommen. Sag nicht, dass dort, wo du herkommst, alles besser sei. Du gehst nicht, um zu belehren, zu zivilisieren, zu instruieren, gar zu kolonisieren! Verletze nicht die Seele eines Menschen aus dem Volk, das bald dein Volk sein wird. Was du mitbringst, bist du selbst. Gib dich, deinen Glauben, deine Hoffnung, deine Schaffenskraft, deine Widerstandskraft, deine zerbrechliche Liebe, die bereit ist, sich bis in äußerste Konsequenz zu bewähren.

Jetzt ist die Stunde des Abschiednehmens gekommen. Nimm deine Hängematte, deinen Rucksack, nimm dieses Fischernetz, das kleine TAU des Franz von Assisi und diese winzige Bibel. Wir begleiten dich mit unserem Gebet, unseren Gedanken, unserer Freude darüber, dass du aufbrechen willst.

Sei behütet, meine Schwester, an allen Orten, auf der Erde und im Wasser.

Fürchte dich nicht!

Geh vorwärts, geh und schau nicht zurück! Gott segne dich.

M. VERONIKA MANG OSF

Mein Gott, Dir kann ich ganz vertrauen,
Du kennst meine guten Seiten und weißt um mein Versagen.
Was auch für Menschen unerkannt bleibt, Du weißt darum.
Darum kann ich mit Dir in Dialog treten
und versuchen, Deine Stimme zu hören.
Überdeutlich wird mir dann das Wissen um Deine Liebe,
sie verstößt mich nicht,
sie führt mir Jesu Leben vor Augen,
sie zeigt mir den rechten Weg.
Du hast mich geschaffen, Liebe zu schenken,
und Du hilfst mir dabei, sie zu verwirklichen.
Ich danke Dir für alle Gaben und Fähigkeiten,
die ich zu Deiner Ehre und zu Deinem Ruhm
gebrauchen will.

MARGRET KRUMBECK
nach Ps 139

Atemgebet

Wir danken Dir für unseren Atem, der uns täglich lebendig
    sein und werden lässt.
Schenke uns einen langen Atem auf unseren unterschiedlichen
    und auch gemeinsamen Wegen.
Schenke uns einen langen Atem zwischen Angst und Mut.
Schenke uns einen langen Atem zwischen Enttäuschung
    und Hoffnung.
Schenke uns einen langen Atem zwischen Vernunft
    und Leidenschaft.
Schenke uns einen langen Atem zwischen Apathie
    und dem Hunger nach Wahrheit und Gerechtigkeit.
Schenke uns einen langen Atem zwischen Liebe und Tod.

BRIGITTE VIELHAUS

Gebet am Beginn eines Studientages

Menschenfreundlicher Gott,
Du hast eine jede von uns mit unterschiedlichen
    Gaben beschenkt.
Wir möchten diese Fähigkeiten einsetzen für andere.
Deshalb sind wir zusammengekommen,
um uns gegenseitig zu stärken für die weiteren Schritte
    auf unserem Glaubensweg.
Unsere je eigenen Erfahrungen und Erwartungen bringen
    wir heute mit in diesen Tag.
Hilf uns, den Alltag für eine Weile loszulassen.
Öffne unsere Herzen und Ohren füreinander und für alles,
    was uns auf unserem Weg stärkt.
Segne unsere gemeinsame Arbeit und bleibe in unserer Mitte.
Darum bitten wir Dich durch Christus im Heiligen Geist.

ULRIKE DELBECK

Segen in den Alltag hinein

Wenn ihr nun hinausgeht,
legt ab, lasst hier zurück alles,
was euch im Innern beschwert
und den Weg zum Festsaal verstellt:
böse Gedanken, Heuchelei, Neid, Angst und Verzagtheit.

Gesegnet sei in euch das Verlangen, die Sehnsucht
nach dem, was unsere Herzen heilt,
was unsere Zwietracht beendet,
was unseren Hunger stillt und Frieden bringt.

Seid gesegnet,
denn Gott wendet sich euch mit aller Güte zu.
Wo immer ihr seid, nah oder fern,
seid ihr mit Ihr verbunden.

So geht nun zurück an eure Orte,
verwandelt und gesegnet mit Kraft,
für Gottes Gerechtigkeit einzustehen.

Dazu segne euch – im Scheitern und im Gelingen –
Gott, uns Vater und Mutter,
Gott, in Jesus uns Bruder,
Gott, Geistes Kraft, die die Liebe in uns stärkt.

Geht hin in Frieden und Freude.

ELLEN ULLRICH

Gib mir eine Grenze,
um weiter zu gehen.
Gib mir einen Namen,
um fest in mir zu stehen.
Gib mir eine Vision,
die mich hält.
Gib mir ein Ziel,
um zu widerstehen.
Gib mir ein Kind,
um mich von mir zu lösen.
Gib mir einen Kuss,
um frei zu werden vom Bösen.
Gib mir ein Lied,
das mir am Morgen sagt:
Lebe, es ist gut,
dass du lebst.

CHARIS ALEXIOU
Übertragung von Aurelia Spendel OP

anfangen **gemeinsam
sein** zerbrechen frei sein
abwaschen Schätze
heben schweigen
heil werden anfangen
gemeinsam sein zer-
brechen frei sein ab-
waschen Schätze heben
schweigen heil werden
anfangen **gemeinsam sein**
zerbrechen frei sein
abwaschen Schätze
heben schweigen heil
werden anfangen

Lasst uns gemeinsam um Frieden beten:

Gott, unser Vater,
durch Dein machtvolles Wort hast Du die Schöpfung ins Sein
gerufen.
Wir bitten Dich:
Schau voll Erbarmen auf unsere Welt,
auf ihre Sehnsucht nach Frieden
und bewahre sie vor Zerstörung.

Vereitle die Pläne all jener, die heute Unheil und Gewalt planen.
Sprich dein Wort des Friedens dort,
wo Machtstreben, Hass und Vergeltung herrschen,
wo Waffengewalt eingesetzt wird,
wo Versöhnung unmöglich scheint.

Wir denken an:
den Irak – Israel und Palästina – Afghanistan –
Tibet – die afrikanischen Länder – Nordirland …

Mache uns selbst zu Werkzeugen deines Friedens
und befähige uns, auch in unserem Alltag Schritte zum Frieden
und zur Versöhnung zu tun.
Darum bitten wir im Namen deines Sohnes Jesus Christus,
unseres Bruders und Herrn, der mit dir und dem Heiligen Geist
lebt und Leben schafft in Ewigkeit.

*Dieses Friedensgebet wird täglich um 11.55 Uhr im Kloster St. Scholastika,
Burg Dinklage, unter Einfügung aktueller Friedensanliegen gebetet.*

Einander tragen

Mit ausgeruhten Augen sind wir
wieder fähig, genau hinzuschauen und
zu sehen, wie Menschen leben.
Mit ausgeruhten Ohren fällt es uns
wieder leichter, aufmerksam zu sein
und zu hören, was jemand sagen möchte.
Mit ausgeruhtem Mund finden wir
wieder das treffende Wort.

Gott, unsere Zuversicht, hilf uns,
einander zu tragen, mutig zu sein,
uns ins Unbekannte zu wagen.
Lass deinen Geist in uns fließen.

ILSE WEISGERBER

Barmherziger Gott,
unser ganzes Leben ist dir vertraut.
Du kennst die Konfliktherde und Hoffnungsorte
in unserem Alltag und in der Welt.
Leben und Glück, Freud und Leid der Menschen sind dir
nicht gleichgültig.
Wir Frauen tragen in dieser Stunde
unsere Sehnsucht nach Frieden und Versöhnung vor dich:
Wir vertrauen darauf,
dass du, Gott, in jedem Menschen wohnst,
weil du Vater und Mutter aller bist.
Wir setzen uns dafür ein, dass Gerechtigkeit
und Fürsorge die Entscheidungen in unserem Leben
bestimmen.
Lass in uns Toleranz und Achtung voreinander wachsen.
Nur so kann der Traum von einer Menschheitsfamilie
Wirklichkeit werden.
Wir glauben daran,
dass Jesus Christus uns auf unseren Wegen zum Frieden
begleitet.
Wir bemühen uns, das Leid in der Welt zu sehen und zu
lindern.
Gib uns Mut, Kraft und Weisheit, Orte der Zuflucht zu
schaffen für alle,
die miteinander leben.
Nur so kann Versöhnung geschehen.

Wir hoffen darauf,
dass Gottes Geistkraft uns mit Leben und Vernunft erfüllt.
Wir wollen ihr Wirken in uns spüren und uns bewegen lassen.
Führe uns Wege, die wir aus eigener Kraft nie zu gehen wagen,
und lass uns Türen aufstoßen, die verschlossen scheinen.
Nur so beginnt Frieden.
Wir sind als Einzelne und als Frauenbund
mit unseren Begabungen und Fähigkeiten gerufen.
Wir Frauen tragen mit all unserer Kraft bei,
Spuren des Friedens sichtbar zu machen.
Wir vertrauen der Kraft deiner Verheißung und halten uns
    an dein Wort,
wenn wir mutig Schritte des Friedens wagen.
Gott des Friedens und der Versöhnung,
dich preisen wir in alle Ewigkeit.

Gott, jeden Tag lässt du werden,
auf dass er uns erfreue, ermutige und tröste.
Zeige uns heute, wie nahe du uns bist.
Nimm von uns Trägheit und Verzagtheit und locke uns,
neugierig und offen auf andere Menschen zuzugehen.
Spitze unsere Ohren, die Worte der anderen zu hören,
ihren Jubel und ihr Seufzen, ihre Fragen und Klagen.
Stärke unsere Augen, die Schönheit deiner Welt zu sehen und in
uns zu bewahren
und auch die Zerstörung wahrzunehmen.
Dränge uns, in der Heiligen Schrift
uns ein Zuhause zu suchen. Lass uns aus ihr erspüren,
wie deine Gerechtigkeit und Barmherzigkeit
das Miteinander bereichern in der Gemeinschaft
mit Menschen, die uns lieb sind, und mit denen,
die uns fremd und sogar zuwider sind.
Jede Nacht lässt du werden, auf dass wir Ruhe finden
und neue Kraft und nicht nur in Arbeit und Leistung
unser Glück suchen. Nimm Angst, Hass und
Gleichgültigkeit aus unseren Herzen und Köpfen,
damit wir deiner Welt Zuversicht, Liebe und Hoffnung schenken.
Gott, lehre uns, mit den Menschen aller Konfessionen
und Religionen, aller Nationen und Kulturen
friedlich zusammenzuleben und für sie einzutreten –
um Jesu willen. Amen.

BISCHÖFIN MARIA JEPSEN

Fürbitte

Gott,
wir beten heute für die Erde, von der wir alle leben wie von
    einer Mutter.
Wir beten für die Luft, die uns umhüllt und atmen lässt.
Wir beten für das Wasser, das uns erfrischt und stärkt.
Wir beten für das Feuer, das uns wärmt und leuchtet.
Wir beten für das Land, dass es gut und fruchtbar bleibt.
Wir beten für unsere Mitgeschöpfe,
die Blumen, Tiere, Bäume und Pflanzen,
dass wir sie lieben und achten lernen.
Wir beten für uns Menschen,
dass wir uns untereinander nicht gering schätzen, verachten,
beneiden und schaden,
sondern gut für alle und alles sorgen.
Lehre uns, aus deinen Schöpfungshänden
mit Dankbarkeit zu empfangen.

HEIDRUN GUT

Wir bitten um den Geist, der machtvoll wirkt
in Mirjam, Sara, Hagar und Rebekka,
den Geist von Tamar, Ester, Debora
und allen andern Ahninnen des Glaubens.
Stärk uns wie Judit vor Gewalt und Macht
und schenke Hoffnung uns wie Rut und Hanna.

Wir bitten um den Geist, der uns befreit
in Jesus Christus, unserm Herrn und Bruder:
den Geist von Frauen, die ihm nachgefolgt,
von seiner Mutter und von Magdalena;
von Priska, Phoebe und von Lydia,
von allen, die in ihre Spuren treten.

Wir bitten um den Geist von Edith Stein
und allen heilgen Frauen in Europa:
Elisabeth, Birgitta, Hildegard,
Madeleine Delbrêl, Theresa, Katharina.
Wir bitten, dass ihr Glaube und ihr Mut
in allen leben, die jetzt zu Dir beten.

Wir bitten um den Geist, der Neues schafft
und lebt in vielen Frauen dieser Erde.
In Müttern, die zu ihren Kindern stehn;
in Frauen, die sich gegenseitig stärken.
Du Gott des Lebens, schenk uns Kraft und Mut:
Sei mit uns auf den Wegen in die Zukunft.

BENEDIKTA HINTERSBERGER OP

Nach der Melodie von »Ich steh vor dir mit leeren Händen, Herr« (GL 621)

Be-Wege uns

Gott, wir wissen,
Du begleitest auch uns auf unseren Wegen,
wie Du die Frauen und Männer der Bibel begleitet hast.

Du schenkst uns WeggefährtInnen, die mit uns gehen,
Wegweiser, die uns weiterhelfen und die Richtung zeigen,
und Wegzehrung, die uns stärkt.

Bewege uns,
unterstütze unsere Lebensbe-Weg-ungen,
sei uns auf unserem Lebensweg nahe und begleite uns.

URSULA SCHELL

gott, manchmal kommst du mir vor wie eine alte frau
eine geduldige dame, reich an zeit, arm an hektik
gelassen in ihren antworten, vorsichtig in ihrem ratschlag
unverblümt in ihrem denken, rücksichtslos in ihren einsichten
weiter blickend als bis zum tellerrand, über den tod hinaus

meine mitschwestern haben etwas von dir
die eine hört schlecht und hört doch immer zu
die andere kann nicht mehr gehen und lässt mich laufen
die dritte schweigt, während ihre augen zu mir sprechen
sie sind mir ein gleichnis für dich und deine liebe
spiegeln deine geduld und dein lächeln

erspüren meine gefühlswelt und meine sehnsucht
kreisen um meine gedanken und tragen meine sorgen mit
verzeihen meine fehler und erzählen von ihren anfängen
stimmen in den chor der freude ein
und ertragen schweigend meine not
gratulieren zum erfolg und verschmerzen niederlagen gemeinsam
wärmen das essen auf und manchmal auch alte geschichten

sie beten stellvertretend, ohne dass es jemand erfährt
sie halten dicht, halten aus und halten zueinander
ihr da sein gibt halt, ermutigt und spornt an
wie schön, dass es sie gibt

wie schön, dass ich glauben darf
dass du, gott, uns durch die menschen liebst

KATHARINA GANZ OSF

Gebet des kfd-Diözesanverbandes Paderborn

Lebendiger Gott,
wir dürfen alles, was uns bewegt, in Deine Hände legen –
unser Leben
mit allem, was es mit sich bringt:
Schönes und Schweres, Freude und Leid.
Du kennst uns, Du weißt um unsere Sorgen und Nöte,
aber auch um unser Glück und unsere Hoffnungen.
Du hast uns in diese Welt und in Deine Kirche gerufen.
Wir stehen vor Dir mit unseren Erfahrungen und Fähigkeiten,
mit unseren Gaben und Aufgaben,
denn Du willst Menschen, in denen Dein Geist lebendig ist,
damit Spuren deines Reiches sichtbar werden.
Wir sind bereit,
den Anruf durch unsere Mitmenschen
und durch die Zeichen der Zeit zu erkennen
und die vielfältigen Aufgaben
in Familie und Beruf, in Kirche und Gesellschaft
wahrzunehmen.
Wir wollen verantwortlich umgehen
mit den Menschen, die uns anvertraut sind,
und allen offen begegnen, die auf uns warten.
Lass unsere (Frauen-)Gemeinschaft
ein Ort der Begegnung sein,
wo wir einander annehmen und ermutigen,
wo wir Leben und Glauben teilen.

Bundesgebet des
Katholischen Deutschen Frauenbundes

Gott,
der du uns Vater und Mutter bist,
zu dir beten wir als Frauen
in Familie und Beruf,
in Freundschaften und Nachbarschaften,
in Kirche und Gesellschaft.

Mit dir wollen wir unsere Wege gehen,
dich wollen wir preisen,
damit dein Reich komme
und dein Name groß werde
in Nord und Süd,
in Ost und West.

Dein Geist und deine Wahrheit
erfülle uns,
dass wir unsere Verantwortung erkennen
und die Kraft finden, die Welt zu gestalten.

Unsere Schwester und Fürsprecherin sei Maria,
die Mutter deines Sohnes.

Unter ihren Schutz stellen
wir alle Mädchen und Frauen
und unseren Katholischen Frauenbund.

Lass uns eine Gemeinschaft sein,
durch die die Kirche erneuert wird
und die Menschen deine
Gegenwart erfahren.

Nimm unsere Verstorbenen auf
in dein ewiges Leben.
Segne uns und schenke uns
deinen Frieden.

Weil du unserem Hoffen Flügel schenkst

Gott,
du Quelle des Lebens,
du Atem unserer Sehnsucht,
du Urgrund allen Seins
Segne uns
mit dem Licht deiner Gegenwart,
das unsere Fragen durchglüht
und unseren Ängsten standhält
Segne uns,
damit wir ein Segen sind
und mit zärtlichen Händen
und einem hörenden Herzen,
mit offenen Augen
und mutigen Schritten
dem Frieden den Weg bereiten
Segne uns,
dass wir einander segnen
und stärken
und hoffen lehren
wider alle Hoffnung,
weil du unserem Hoffen Flügel schenkst
Amen
So sei es
So ist es
Amen

KATJA SÜSS

Nachdenklich

du hast uns von etwas kostbarem kosten lassen
das brot
das wir miteinander geteilt haben
ist das brot deines lebens
für unser leben.
der kelch
aus dem wir getrunken haben
ist der kelch
der uns als gemeinde
zu deiner gemeinschaft
weggemeinschaft werden lässt.
Gott wir wollen
auf diesem weg
weitergehen
den weg deiner verheißungen
nicht scheuen
sondern
offenen auges verantwortung übernehmen
und herausforderungen nicht scheuen
lass uns deine
gemeinde sein
ohne wenn und aber
nachdenklich aber entschieden.
Amen

JULIA STRECKER

Verwandelt

Gott, du hast unsere Klage in ein Festmahl
der Liebe verwandelt,
das die Hungrigen sättigt und die Sehnsucht
der Durstigen stillt,
bei dem die Verwundeten mit Zärtlichkeit verbunden
und die Ausgeschlossenen mit Rosen beschenkt werden.

Du hast unsere Klage in ein Fest der Freude verwandelt,
das uns die Kraft gibt aufzustehen,
einzustehen für ein Leben in Fülle –
für uns, unsere Kinder und alle Menschen deiner Welt.
Wir stehen ein für die Hungernden und Leidenden,
wir stehen auf für die seufzende Natur –
unser Aufstand für das Leben!

Gott, du hast unsere Klage
in ein Fest der
Auferstehung verwandelt!

QUELLE UNBEKANNT

Ausgegrenzt

Gemeinschaft ist wunderbar, wenn ich dazu gehöre und mitmachen kann; wenn wir Projekte planen und sie gemeinsam meistern; wenn das Leben zum Fest wird in Lachen und Tanz.

Doch ich bin ausgeschlossen durch Blicke, die an mir vorbeischauen; durch Gesten, die mir den Rücken kehren; durch spitze Zungen, die flüsternd mich treffen ins Herz.

O Gott-Liebe, steh Du mir bei in meinem tiefbohrenden Schmerz.
Bewahre mich vor der Bitternis des Herzens, die unerbittlich nach mir greift.
Falle meinen finsteren Gedanken ins Wort, die nach Rache sinnen und keine Ruhe geben.
Im Tunnelblick des Schmerzes gefangen, hilft mir nur eines:
Gott-Liebe, sprich mir Dein Wort – Dein Wort, das nicht bitter macht, sondern frei.

HILDEGUND KEUL

Segen über deine Hände

Gott segne deine Hände,
dass sie geben können und nehmen,
Segen spenden und empfangen,
dass sie anpacken können und loslassen,
arbeiten und beten,
fest zupacken und zärtlich sein,
und dass sie Dinge schaffen können,
an denen Gott und die Menschen
und du selbst ihre Freude haben.

NACH MARIA POHLMANN

Segen für eine Freundin

Sei gesegnet mit Gottes Zärtlichkeit.
Sie berühre deine Schulter,
wenn du dir eine Auszeit nimmst
und dich selbst genießt.

Sei gesegnet mit Gottes Warmherzigkeit.
Sie stehe dir zur Seite,
wenn du für deine Kinder sorgst
und sie ins Leben begleitest.

Sei gesegnet mit Gottes Entschiedenheit.
Sie nehme dich an der Hand,
wenn du Beruf, Familie und Ehrenamt
miteinander verbindest.

Sei gesegnet mit Gottes Echtheit,
sie stärke deinen Rücken,
wenn du auf dein Inneres hörst
und mitteilst, was dich bewegt.

Sei gesegnet mit der Fülle des Segens
im Namen Gottes,
unserer Schwester
und Freundin.
Amen.

CHRISTIANE BUNDSCHUH-SCHRAMM

Segen für Paare

Wenn euer Leben blüht wie der Frühling,
sei Gott wie der Vogel, der von der Liebe singt.

Wenn die Stürme des Lebens euch entgegenwehen,
sei Gott das Haus, in dem ihr geborgen seid.

Wenn ihr die Fülle des Lebens genießt,
sei Gott wie die Sonne, die euch wärmt.

Wenn dunkle Stunden über euch hereinbrechen,
sei Gott das Licht in eurer Mitte.

Wenn das Leben euch einlädt zum Tanz,
sei Gott die Musik, die euch bewegt.

Wenn eure Schritte müde werden,
sei Gott der Boden, der euch trägt.

So begleite euch der große Gott
durch alle Jahreszeiten eures Lebens.

KERSTIN SCHMALE-GEBHARD

Am Beginn des Tages

Gott, Du schöpferische Kraft,
ich freue mich auf die Arbeit dieses Tages
und danke Dir für die Gaben und Fähigkeiten,
die ich heute nutzen kann.

Gott, Du Freundin des Lebens,
ich freue mich
auf die Begegnungen dieses Tages
und danke Dir für die Menschen,
mit denen ich heute Brot und Wissen teile.

Gott, Du Geber aller Zeit,
ich freue mich über alle,
deren Erfahrung ich nutzen darf,
und vertraue Dir die Mütter und Väter an,
die mir Leben und Wachsen ermöglichten.

Gott, Du Mitgehende,
ich bitte Dich um Deine Nähe,
wenn ich für andere Mutter werde.
Ich will im Wissen um die Geschichte vor mir
und in der Hoffnung auf eine Zukunft nach mir
jetzt leben.

CLAUDIA NIETSCH-OCHS

Gott des Lebens, Leitung wurde mir in die Hände gelegt.
Ich habe sie in meine Hände genommen.
Nun bitte ich Dich:

Schenke mir Klarheit in meinen Zielen und manchmal den Mut,
einen Schritt zu weit zu gehen.

Öffne meine Ohren, wenn es gilt, das Verschwiegene zu
erhören.

Lass mein Team auf die Zeichen der Hoffnung vertrauen,
die sich im Verborgenen zeigen.
Und schenke uns hier und da einen hilfreichen Geistesblitz.

Wo Macht durchbrochen wird von Ohnmacht,
locke mich aus meinem Verstummen.

Wo unberechenbare Mächte auf mich zugreifen,
lass mich leichtfüßig aus ihrem Schatten treten.

Stärke die Menschen, die voll Lebenslust mit uns
an einem Strang ziehen.

Wenn ich mich überfordert fühle, lass heitere Gelassenheit
regnen aus allen Himmeln.

Und lass mich bei mir selbst sein, wenn ich mich brauche.
Amen.

HILDEGUND KEUL

Kommen und bleiben

Gott Du
brückenerfahrene
Du
trägst mich auf Händen
damit ich nicht falle
nicht untergehe im Wasser
nicht versinke in der Sehnsucht.

Gott Du
grenzenüberschreitende
Du
treibst mich und ziehst mich
wendest mich um
schaust und lockst
damit ich nicht zerreiße
was zur Erfüllung drängt.

Gott Du
beziehungsreiche
Du
selig vor Glück
wenn ich Dir Beziehung gewähre
hältst den Atem an
wenn ich Dir sage
komm.

AURELIA SPENDEL OP

anfangen gemeinsam
sein **zerbrechen** frei sein
abwaschen Schätze
heben schweigen
heil werden anfangen
gemeinsam sein **zer-**
brechen frei sein ab-
waschen Schätze heben
schweigen heil werden
anfangen gemeinsam sei-
n **zerbrechen** frei sein
abwaschen Schätze
heben schweigen heil
werden anfangen

Sehnsucht

Herr, meine Pein ist tiefer als der Abgrund, mein Herzeleid ist weiter als die Welt, meine Furcht ist größer als die Berge, meine Sehnsucht reicht höher als die Sterne.

MECHTHILD VON MAGDEBURG (UM 1207-1282)

Hüterin der Zeit

Gott, Hüterin der Zeit,
Du schöpfst sie in unsere Krüge
und lässt sie verrinnen in Deine offene Hand.

Wie gut, dass Du neu bist,
dass Du erneuerst,
was uns alt macht und starr.

Zerbrich die Krüge,
spalte die Steine,
lass fließen, was neues Leben gebiert.

Gott, Schöpferin, Quelle,
Zeitlose,
komm.

AURELIA SPENDEL OP

O Friede, sage mir doch noch ein einziges kleines Wort.

GERTRUD VON HELFTA (1256–1301/2)

Abgrundtiefe Verzweiflung

Gott,
ich möchte nicht stehen bleiben
bei dem Schmerz
der Trauer
dem Misstrauen
der Wut
und meiner abgrundtiefen Verzweiflung

Ich möchte begreifen und
verstehen lernen,
was nicht zu fassen
und doch geschehen ist

Gott, gibt es einen Weg für mich
für uns gemeinsam
in die gleiche Richtung
oder
gehe ich allein
schwer belastet

In Dunkelheit und Ungewissheit
weiß ich nicht wohin

Es liegt nicht in meiner Macht
Gott, schenke mir die Kraft,
Kommendes durchzustehen
und anzunehmen,
was Du für mich bereitet hast.

INGRID VON EIGEN

Komm, Heiliger Geist,
du Lebenskraft.
Erfülle mich neu
mit dem Atem Gottes
vom allerersten Beginn.
Wehe fort von mir
alle Furcht und Angst,
alle Mutlosigkeit und Schwarzmalerei.
Erfülle mich
mit dem Vertrauen und
der Weisheit der Menschen
die vor mir ihren Weg
gemeistert haben.
Öffne mein Herz für Dein Wehen
und entzünde in mir ein Feuer,
das Verdorrtes verbrennt,
mir Wärme schenkt
und den Boden bereitet für das Neue,
das in mir und durch mich wachsen will.
Erfülle mich mit Deiner Kraft,
die in mir wirkt und Leben schafft.

ANDREA REHN-LARYEA

Zusammenbruch

Hilf mir, Gott,
meine Welt bricht zusammen.

Eine Welt voller Träume und Hoffnungen,
mein ganzes Glück, meine große Liebe.

Vor mir ein Meer von »Nie-wieder«,
auf mir die süße schwere Last der Erinnerung.

Richte mich auf, Gott,
hilf mir tragen.

ANDREA KETT

Ostersegen

Gott des Lebens!
Den Stein des Todes,
den Stein, der uns im Weg lag,
den Stein, der uns vom Leben trennte –

Du hast ihn weggerückt in jener Nacht.
Der Weg zum Leben ist frei.

Das Licht des Lebens vor Augen,
das Licht der Auferstehung im Sinn,
das Licht von Ostern im Herzen,
bitten wir Dich:

Segne uns, o Gott, Stirn, Mund und Hände,
damit wir Dein Wirken begreifen,
Deine Botschaft der Auferstehung verkünden
und Deine Werke der Gerechtigkeit verrichten auf
Erden.

ELLEN ULLRICH/HILDEGUND KEUL
nach Mk 16,1-8

Schiffbruch

Möge ich
unter deiner Führung
glücklich
dem Schiffbruch dieses Lebens
entrinnen.

GERTRUD VON HELFTA (1256–1301/2)

O treue Güte, treue Güte, in Angst und Not bin ich versetzt: mögest du mich nicht verlassen. Von meinem Schluchzen und von meinem lauten Schrei mögest du dein Angesicht nicht ab-wenden. Dich soll zwingen deine innige Liebe, geduldig mich zu hören.

O , weit offen halte deinen Schoß, auf dass ich dort in Ruh verweile, nur ein wenig, und hinströmen lasse vor dir meinen Lebensatem; denn bei deinem Gutsein und bei deiner treuen Güte – keine verschmähst du, die einsam und verlassen, und auf keine, die in Drangsal ist, blickst du verächtlich nieder. O, wie entgegenkommend ist für die, die im Elend sind, deine Treue.

GERTRUD VON HELFTA (1256–1301/2)

Alles hat seine Zeit

Gott,
ich sehne mich nach Harmonie,
doch Du machst mir klar:
Es ist die Zeit der Konflikte.

Wo ich nach Ordnung lechze,
grinst mich das Chaos an.
Wo ich Frieden suche,
finde ich Streit.
Die ich um mich sammeln will,
zerstreuen sich.
Wo ich aufbaue,
stürzen die Mauern.

Gott,
ich bin müde,
mein Widerstand erlahmt.
Darf ich nachgeben,
ohne aufzugeben?

CHRISTA MATHIES

Mein Herr und mein Gott!
Mach Schluss mit dieser Welt –
oder zeig uns ein Heilmittel
für diese schlimmen Übel!
Denn das kann doch keiner,
der auch nur ein wenig Herz hat, ertragen –
selbst wenn wir noch so erbärmliche Wesen sind!
Ich flehe Dich an, ewiger Vater,
schau doch nicht länger zu!
Gebiete Einhalt diesem Feuer, Herr!
Wenn Du willst, dann kannst Du es!
Schau, in dieser Welt befindet sich Dein Sohn!
Durch seine Hoheit mögen all diese hässlichen,
abscheulichen und schmutzigen Dinge dahinschwinden!
Er in seiner Schönheit und Reinheit verdient es nicht,
in einem Haus zu wohnen,
wo solche Scheußlichkeiten sind!
Erlöse uns nicht um unsretwillen, Herr,
wir hätten es gar nicht verdient.
Aber erhöre uns um Deines Sohnes willen!
Auf irgendeine Weise muss etwas geschehen,
mein Herr!
Möge Deine Majestät dafür sorgen!

TERESA VON AVILA (1515–1582)

So spricht eine Bettlerin in ihrem Gebete zu Gott: »Herr, ich danke Dir, da Du mir mit Deiner Liebe allen irdischen Reichtum genommen hast, dass Du mich jetzt mit fremdem Gute kleidest und speisest; denn alles, was mir in Anhänglichkeit und Lust im Herzen haftet, das muss mir nun fremd werden. Herr, ich danke Dir, da Du mir die Macht meiner Augen genommen hast, dass Du mir nun dienst mit fremden Augen. Herr, ich danke Dir, da Du mir die Macht meiner Hände genommen hast, dass Du mir nun dienst mit fremden Händen. Herr, ich danke Dir, da Du mir genommen hast die Macht meines Herzens, dass Du mir nun dienst mit fremden Herzen.«

MECHTHILD VON MAGDEBURG (UM 1207–1282)

Gebet der Alten

Wenn die Muskeln versagen ein Greifen
und Geben, wenn der Rhythmus des
Blutes aussetzt und wenn die Lippen
nicht mehr sagen können, was im
Hirn und Herzen zur Formung
drängt, wenn es droht, dass ich denen
zur Last werde, deren Lebenslast tragen
zu helfen ich mich ständig mühte, dann
streife, Geist, gnädig über mich und
scheide, was Staub an mir und
was Teil von Dir.

BERTHA PAPPENHEIM (1859–1936)
16. September 1925

»Wer leben will wie Gott auf dieser Erde«
 … wird sich noch wundern
 über die vielen kleinen Tode,
 die sterbenskrank machen mitten im Leben.

»muss sterben wie ein Weizenkorn«
 … muss verletzende Worte, Lügen, Intrigen wegstecken,
 Leib und Seele kernen,
 sie der Verwandlung übergeben.

»muss sterben um zu leben.«
 … muss Wahrheit festhalten,
 Hoffnung wach halten,
 Leben annehmen im Tod.

Denn du, Gott,
 hältst mich,
 weckst mich,
 schenkst im Tod das Leben.

ISOLDE NIEHÜSER

nach GL 183 »Wer leben will wie Gott auf dieser Erde«

Nachtruf

Den Tag geweint
die Nacht geweint
und schwer im Mund
das Angstgewürg
den Tag allein
die Nacht allein
hab mich verirrt
im Schmerzenswald
und ruf Dich Gott
komm berge mich
die tausend abertausend Scherben
Träne Flüche Sterben-Wollen
komm in den Tag
komm in die Nacht
komm tröste und bewahre mich

CAROLA MOOSBACH

Bitte

Feuer Geist
Dein Feuer reinigt uns
Du lässt uns nicht als gebrannte Kinder zurück

Feuriger Geist
verzehre Neid und Gier, die uns besetzen
schmilz die Panzer aus Angst, die uns gefangen halten
versenge Hass und Gewalt, die Länder und Völker verwüsten

Feuriger Geist
entflamme unser Herz für das, was unserem Leben Mitte gibt
entzünde in uns Leidenschaft und Mitgefühl
mach brennend unsere Sorge für Deine Schöpfung

Feuer Geist
Du machst unsere Dunkelheit hell
In Deiner Lebensglut tauen wir auf

ANGELA BERLIS

Maria, Schwester im Glauben,
Knotenlöserin du.
Dein heiliges, unwiderruflich gelungenes Leben
spricht mich an.

Du kennst sie,
die leidvollen Situationen,
wenn Ablehnung und Enttäuschung lähmen,
wenn gesteckte Ziele in weite Ferne rücken,
wenn Zuhören unmöglich wird,
wenn Unverständnis verletzt,
wenn Machtansprüche in unvermutete Fallen
treiben,
wenn Zweifel übermächtig werden,
wenn Schuld belastet, Versagen lähmt,
wenn sich alles verkrampft und zuschnürt,
wenn nichts mehr gelingt,
wenn keine Lebensenergie mehr strömt.

Maria vom Knoten
dann mach' mir Mut,
weck' Hoffnung
und zeige mir Wege,
heilende, erlösende, gute Wege,
Verworrenes zu entwirren,
Verschlungenes zu glätten,
Verknotetes zu lösen,
Verletzungen zu heilen,

mit viel Geduld und Ausdauer
mit Mut und Offenheit,
mit Fingerspitzengefühl,
mit Wohlwollen und Tatkraft,
mit Treue und Kreativität
und mit großem Vertrauen,
dass alles gut wird.

Maria, eine von uns,
steh zu uns!

BENEDIKTA HINTERSBERGER OP

Segen für eine Trauernde

Gott segne deine Augen,
dass du weinen kannst
und nicht in der Kälte deiner Trauer erstarrst.
Gott segne deine Begegnungen,
damit du Menschen findest,
die dir geduldig und verstehend zuhören.
Gott segne deinen Mund,
damit du Worte findest für deine Trauer
und deinen Schmerz.
Gott segne deine Schritte,
damit du einen Weg findest
in dein neues Leben.
Gott segne dein Herz,
dass deine Erinnerung wie ein Nest wird,
in dem du dich bergen kannst.
Gott segne dich damit,
dass dein Glaube nicht zerbricht
und deine Hoffnung wächst,
denn er sieht und hört, tröstet
und befreit unseren Tod
zu neuem Leben.

IDA LAMP

Am Ende des Tages

zugehört – gesprochen
aufgenommen – übersehen
hingeschaut – entschieden
anerkannt – geurteilt
Anstoß gegeben – weggeschaut
von mir gegeben – mich vergessen
Und jetzt:
leer – enttäuscht
müde – ohne Kraft,
dunkel – voller Fragen.
Wie weiter gehen?
Wie entstandene Gräben überwinden?
Wie Zerbrochenes heilen?
Atem des Lebens, wo bist du?
Meine Gedanken, meine Verletzungen,
meine Erwartungen, meine Sehnsucht,
was ich getan und was ich gelassen habe –
alles lasse ich von dir, Atem des Lebens,
durchwehen.
Du Gott, Atem meines Lebens,
Du: größer als meine Sehnsucht,
weiter als mein Denken,
stärker als mein Fühlen,
Dir vertraue ich an:
die Menschen, denen ich heute begegnet bin,
die durch mich beschenkt oder verletzt wurden.
Dir vertraue ich mich selbst an.

Auf Dich setze ich meine Hoffnung.
Du wirst mich neu beleben.
Du wandelst, was unvollkommen und
zerbrochen ist.
Du Atem meines Lebens, meine Ruhe in der Nacht,
meine Kraft für einen neuen Tag!

MAGDALENA BOGNER

Schenke mir, Herr,
Deine Güte und Nähe,

damit mein Glaube
kein toter Glaube ist,
sondern mein ganzes Wesen
mit lebendiger Kraft durchdringt,

damit meine Hoffnung
keine schwankende ist,
sondern unerschütterlich
in allen Situationen voll Vertrauen
auf Dich gerichtet ist,

damit meine Liebe keine eitle,
sondern eine in Dir allein
begründete ist.

Amen.

SR. ANTONIA WERR

anfangen gemeinsam
sein zerbrechen **frei sein**
abwaschen Schätze
heben schweigen
heil werden anfangen
gemeinsam sein zer-
brechen **frei sein** ab-
waschen Schätze heben
schweigen heil werden
anfangen gemeinsam sei-
n zerbrechen **frei sein**
abwaschen Schätze
heben schweigen heil
werden anfangen

O Gottes treue Güte!
In dir möge aufjauchzen meine Seele,
durch dich möge wie beim Adler sich erneuern meine Jugend,
zu dir möge sich wenden mein Leben.
Jesus mein, durch deine treue Güte tilge alle meine Unrechts-
taten gänzlich aus;
durch deine innige Liebe decke alle meine Sünden zu und ver-
decke sie;
durch deine liebende Zuneigung mache meine Versäumnisse
wieder gut;
durch deine Liebe richte mich zur Freiheit des lebendigen
Geistes wieder auf.

GERTRUD VON HELFTA (1256–1301/2)

Adlerpsalm

Wie unter den Flügeln eines Adlerweibchens
bin ich bei Dir geborgen, Gott

In Deinen Fittichen finde ich Schutz
vor allem, was mir Angst einjagt

Wie eine Adlermutter für ihr Junges sorgt,
behütest Du mich vor drohender Gefahr

Und wenn die Zeit gekommen ist
lehrst Du mich, was Freiheit ist

Ich versuche zu fliegen und taumele,
aber Du verlässt mich nicht

Auf Deinen Schwingen
führst Du mich ins Weite

lässt mich fallen
lässt mich fliegen

Abgründe
werden Luft, die trägt

ANGELA BERLIS

Frei werden vom Tod

Wenn das lichtscheue Gesindel, auch das in mir,
den geheiligten Raum endgültig verlassen muss,
wenn ans Tageslicht kommt, auch in mir,
was verdorbene Zungen hinter den Türen mauscheln,
wenn es keine Wege mehr gibt, auch nicht mehr für mich,
die die Verräter durch das Dunkel ertasten,
wenn die Treulosen lernen, auch ich,
dass der Tod todsicher ist

dann wird es laut in der Stille des Grabes,
dann wird es hell hinter dem Stein,
dann lege doch, Gott, mit Bedacht und in aller Ruhe,
Deine Leichentücher ab
falte sie
und atme auf.
Dann singe doch mit mir wie ein Vogel ein Sonntagslied.

AURELIA SPENDEL OP

Gott,
Schönheit und Liebe,
Weisheit und Kraft,
Quelle und Strom,
Vater und Mutter,
Freundin und Freund,
wir spüren oft, dass es schwer ist,
uns zu verstehen und anzunehmen.
Die Lebensgeschichten sind verschieden.
Die Ängste und Hoffnungen
sind verschieden.
Die Wünsche und Träume sind verschieden.
Die Kräfte und Gaben sind verschieden.

Befreie uns von der Blindheit,
die nur einen Weg für alle sieht.
Befreie uns vom Neid,
der die Schwesterlichkeit verhindert
und das eigene Herz verdunkelt.
Befreie jede von der Angst,
sich selber anzublicken;
um zu erkennen, was da ist,
um zu erkennen, was fehlt.

Gott, Schöpferin Liebe,
erschaffe jeder den Mut,
in die eigene Tiefe zu gehen.
Erschaffe jeder den Mut,

zu erkunden, was sie braucht,
um lebendig zu sein;
was sie braucht,
um heile Person zu werden;
was sie braucht,
um ganz zu sein.

Wer frei ist,
kann in die Freiheit entlassen.
Wer ganz wird,
braucht nicht ängstlich zu mauern.
Wer heil wird,
kann Wunden sehen und verbinden.
Wer weiß, was er braucht,
und es fordert,
versteht die Bedürftigkeit.
Wer »ich« sagen lernt mit dir,
begreift die Würde und Freiheit im Du.
Amen

CHRISTA PEIKERT-FLASPÖHLER

Stoßgebet

Wirf mir ein Seil zu,
das mir Halt gibt
im Schwindel,
eines, das mich sichert
über dem Abgrund,
eines, das Verbindung schafft,
trotz verlorener Spur,
eines, das mich bestärkt,
die nächsten Schritte zu gehen,
auch wenn ich das Ziel
nicht mehr sehen kann.
Wirf mir ein Seil zu.

HILDEGARD KÖNIG

gott, wer dich einmal gekostet
bleibt trunken ein leben lang
schmetterlingsgleich tanzend im wind
naschend vom nektar des glaubens
blütenkranzgroß
unsichtbar trägt die luft
wie ruach, die göttliche geistkraft
mutter alles lebendigen

ausruhend in dir atme ich auf
dein licht trinkend werde ich licht
durchsichtig für deine wirklichkeit
heilige ruach, göttlicher hauch
du heftest dich an meine füße
im staub der landstraßen und
augenblicksbegegnungen
unmerklich lässt du dich nieder
auf den kelchen offener herzen
die hungern nach leben und sinn

mit kindlichen augen staunend
nähere ich mich behutsam
deiner verborgenen gegenwart
kinderhände wollen dich greifen
– ein vergebliches spiel –
du bist es, die mich berührt
überraschst mich neu

dreh meinen kopf
himmelwärts
lenk meinen fuß
erdverwandt
lass mich nicht los
bleib die du bist
liebe mich frei

KATHARINA GANZ OSF

Danke, Gott, für die Möglichkeit,
für den Ort, den Du aussuchst,
für die Zeit und die Geschichte,
in der Du mir Leben gibst.

Ich erkenne die Verantwortung, die darin liegt.
Aber ich muss die Kraft Deines Geistes spüren,
die meine Schritte begleitet.

Die Aufgaben sind groß, zahlreich die Hoffnungen,
aber die Gefahren machen mir Angst.

Bewege Dich in mir und in allen Deinen Kindern,
damit wir in Dir die Stärke finden.
Damit unsere Augen, unsere Hände,
unser Mund, unsere Ohren helfen, mitzubauen
an dem Traum, den wir alle teilen: eine Welt,
in der wir in Frieden und Gerechtigkeit leben,
in der wir uns wirklich als Geschwister erfahren.

Vater, begleite meine Freiheit,
segne mein Tun,
erfülle meinen Geist mit Demut.

Amen.

IVON VALDIVIESO
Übersetzt von Annette Steinich

Rüttle uns auf

Mache uns unruhig, Herr,
wenn wir allzu selbstzufrieden sind:
wenn unsere Träume sich erfüllt haben,
weil sie allzu klein waren;
wenn wir uns im sicheren Hafen bereits am Ziel wähnen,
weil wir allzu dicht am sicheren Ufer entlang segelten.

Mache uns unruhig, Herr,
wenn wir über der Fülle der Dinge, die wir besitzen,
den Durst nach den Wassern des Lebens verloren haben;
wenn wir, verliebt in diese Erdenzeit, aufgehört haben,
von der Ewigkeit zu träumen;
wenn wir über all den Anstrengungen,
die wir in den Aufbau der neuen Erde investieren,
die Vision des neuen Himmels verblassen ließen.

Rüttle uns auf, Herr, damit wir kühner werden
und uns hinauswagen auf das weite Meer,
wo uns die Stürme Deine Allmacht offenbaren,
wo wir mit schwindender Sicht auf das Ufer
die Sterne aufleuchten sehen,
im Namen dessen, der die Horizonte unserer Hoffnung
weit hinausgeschoben
und die Beherzten aufgefordert hat, ihm zu folgen.

VON DEN PHILIPPINEN

Weite und Fülle

Wir durchschreiten am Tag viele Räume,
nicht in allen Räumen können wir uns entfalten
und unsren Raum gestalten.

Gott, du schenkst uns weiten Raum,
Raum, der einlädt,
weil er uns das Leben in Fülle verheißt.

Schenke uns Weite und Fülle,
da wo wir sind.

URSULA SCHELL

Befreit zu aufrechtem Gang

Lk 13,10-17

Jeder Tag
in gekrümmter Haltung
macht mich kleiner

Jede Woche
mit gesenktem Kopf
macht mich hilfloser

Jeder Monat
mit gebeugtem Rücken
macht mich wehrloser

Jeder Tag
in gekrümmter Haltung
ist ein Tag zuviel

Achtzehn Jahre
in den Fesseln des Bösen
und nichts ist endgültig

Gott, richte mich auf

CHRISTEL VOSS-GOLDSTEIN

Leben spüren

Du lässt Gras wachsen
und schickst den Wind.

Du lässt blühen und gedeihen
und schenkst die Frucht.

Ich will Leben spüren
hautnah
jeden Tag.

Du lässt mich aufleben.
Ich will erahnen
Schönheit und Güte,
Freiheit in Dir.

ELISABETH WERNER

Leere und Licht

Während du hörst
wirst du leer
Bist du leer
wirst du erfüllt
von Licht

Oft aber bleibt Leere
Leere

In ihr harre ich auf Dich
»wie der Wächter auf den Morgen«

THERESIA HAUSER

Generationenspur

Gott, Quelle und Mutter des Lebens,
Du hast uns berufen, als Töchter mit Dir
und als Schwestern miteinander zu leben.
Im Ja des Glaubens gebierst Du uns neu.
Im Wasser Deiner Fruchtbarkeit wäschst Du ab,
was uns festhält und bindet.

Atme uns in Deinem Geist,
gib uns Flügel der Freiheit
und Füße der Treue,
Rosen der Geduld
und Lichter des Herzens,
schließe auf,
was sich vor Dir verdunkeln will.

Dann gehen wir unbeirrt in den Spuren Deines Sohnes
unseren eigenen und unseren gemeinsamen Weg.

AURELIA SPENDEL OP

Gott, Du weißt besser als ich, dass ich von Tag zu Tag älter werde – und eines Tages alt.

Bewahre mich vor der Einbildung, bei jeder Gelegenheit etwas sagen zu müssen.

Erlöse mich von der großen Leidenschaft, die Angelegenheiten anderer ordnen zu wollen.

Lehre mich, nachdenklich – aber nicht grüblerisch – und hilfreich – aber nicht diktatorisch – zu sein.

Bei meiner ungeheuren Ansammlung von Weisheit erscheint es mir ja schade, sie nicht weiterzugeben – aber Du verstehst, o Gott, dass ich mir ein paar befreundete Menschen erhalten möchte.

Bewahre mich vor der Aufzählung endloser Einzelheiten und verleihe mir Schwingen, zur Pointe zu kommen.

Lehre mich schweigen über meine Krankheiten und Beschwerden. Sie nehmen zu – und die Lust, sie zu beschreiben, wächst von Jahr zu Jahr.

Ich wage nicht, die Gabe zu erflehen, mir Krankheitsschilderungen anderer mit Freude anzuhören, aber lehre mich, sie geduldig zu ertragen.

Lehre mich die wunderbare Weisheit, dass ich mich irren kann.

Erhalte mich so liebenswert wie möglich.

Ich möchte keine Heilige sein – mit diesen lebt es sich so schwer –, aber eine alte Nörglerin ist das Krönungswerk des Teufels.

Lehre mich, an anderen Menschen unerwartete Talente zu entdecken – und verleihe mir, o Gott, die schöne Gabe, sie auch zu erwähnen.

GEBET EINER UNBEKANNTEN ÄBTISSIN

Schöpfer Gott,
Du hast uns nach Deinem Abbild geschaffen.
Du hast unsere Namen in Deine Hand geschrieben.
Wir sind Dein Eigentum.
Lass uns erkennen, dass Dein Wille uns nicht unterwirft,
sondern frei macht von allen menschlichen Fesseln.
Deine Gebote engen uns nicht ein,
sondern setzen die Maßstäbe für ein Leben im Licht.
Deine Worte und Taten weisen uns den richtigen Weg,
den Weg, der uns zum ewigen Leben in Deiner Herrlichkeit
führt.

MARGRET WILPERT

Feriengebet

Gott, die Du hoffst auf Leben, wie wir auch.
Gott, die Du schwanger bist mit Leben, wie wir auch.
Gott, die Du Leben schenkst, wie wir auch.

Lass uns nicht vertrocknen wie Land ohne Wasser.
Lass uns nicht verstummen wie Harfen ohne Lied.
Lass uns nicht vergehen wie Zeiten ohne Maß.

Sei Du Quelle,
sei Du Hauch,
sei Du Sonne und Mond,
wie wir auch.

AURELIA SPENDEL OP

anfangen gemeinsam
sein zerbrechen frei sein
abwaschen Schätze
heben schweigen
heil werden anfangen
gemeinsam sein zer-
brechen frei sein **ab-**
waschen Schätze heben
schweigen heil werden
anfangen gemeinsam sei-
n zerbrechen frei sein
abwaschen Schätze
heben schweigen heil
werden anfangen

Beim Spülen

Warte, Gott,
der Abwasch wartet.
Das Geschirr schaut mich aus verklebten Augen an
und wünscht Reinigung.
Die verkrusteten Töpfe hoffen auf ein lösendes Bad.
Du kannst warten, Gott,
der Abwasch nicht.

Die Teller haben das Frühstück heute
leicht genommen,
ein paar Krümel, sonst glänzen sie,
ein paar Kratzer, die gehen eh nicht mehr weg.

Das Mittagessen habe ich zu heiß gekocht,
drei Sachen gleichzeitig machen,
gelingt eben doch nicht.
Jetzt dauert es, bis die Töpfe sich erholt haben
und der Edelstahl wieder blinkt.

Jetzt noch die Holzbrettchen vom Abendessen,
eines rund, eines eckig, eines weich und eines hart,
kurz im Wasser wiegen und abtropfen lassen,
gut trocknen, das verhindert Spalt und Bruch.

Nur noch der Herd, das »Herz« des Hauses,
da sind Kruste, Spritzer und verschüttete Milch.
Warte, Gott,
gleich bin ich fertig

mit dem Abwasch
oder mit mir?

Habe ich mein Geschirr gespült
oder meinen Tag abgewaschen?
Hast du gewartet,
oder warst du mittendrin?

CHRISTIANE BUNDSCHUH-SCHRAMM

Wassergebet

Herr Jesus Christus,
Du bist das Leben spendende Wasser,
Du kennst unsere Sehnsucht nach dem vollen Leben.
In der alltäglichen Begegnung mit Dir lässt Du uns
in der Tiefe unseres Herzens bewusst werden,
wer wir in Wahrheit vor Dir sind.

Bewirke Du in uns, dass wir uns bekehren,
und schenke uns ein reines Herz.
Gib uns Dein lebendiges Wasser
und lass es in uns zur sprudelnden Quelle werden.

Mit leidenschaftlicher Liebe und mütterlichem Herzen
wollen wir (als Gemeinschaft von Frauen)
unserer durstigen Welt ein Brunnen Deiner Liebe sein.

FRANZISKANERINNEN VON DER EWIGEN ANBETUNG,
SCHWÄBISCH GMÜND

Danke

Mit Freude hab ich das Essen gewürzt,
meine Liebe in den Kuchen gerührt
und die andern schmeckten es.
Danke

Beim Wäschefalten roch ich den Duft des Windes,
sah die runden Körper der Kinder
in frischen Hemden und meinen Mann
neben mir auf dem Laken.
Danke

Die Fliesen im Badezimmer gewannen
Farbkraft durch meine Hände zurück,
der Spiegel lächelte mir zu:
»Erhitzt bist Du genauso schön
wie morgens nach dem Duschen.
Dein Haar glänzt frisch gewaschen.«
Danke

Als ich im Garten Blumen schnitt
für unsern Tisch, da spürte ich,
wie schön es ist, zu blühen,
für andere und sich
und auch, wie das Lebendige
verletzlich ist und wie es sich
verwandelt.
Danke

CHRISTA PEIKERT-FLASPÖHLER

Ich suche Dich

Im Tätigsein
im Denken, Überlegen
im Reden und Gestalten
Ich suche Dich
Selbst unter Kochtöpfen
sagt die Heilige von Avila
wärst du zu finden
Ich suche Dich
Auf den Straßen der Stadt
in Behörden, Wartezimmern
in Kaufhäusern
im Menschengewühl
Ich suche Dich
In den Nachrichten am Abend
in Bildern und Worten
im Geschehen der Zeit
Ich suche Dich
In der Zeitung
in Büchern
in der Begegnung
im Gespräch
im Gebet
Ich suche Dich
Die leise Stimme sagt
lass *Dich* finden
ich bin *überall*

THERESIA HAUSER

Nicht dass ich immer zu Dir beten könnte, wenn ich in der Küche arbeite.
Nicht dass ich Dich immer loben könnte, wenn ich im Garten arbeite.
Nicht dass ich Dich mir immer nahe erfahre, wenn ich im Haushalt arbeite.

Aber manchmal sind meine Hände Dir näher als mein Denken.
Manchmal ist mein alltägliches Tun Dir näher als meine Worte.

Den Glanz Deiner Gegenwart finde ich in den blanken Scheiben meiner geputzten Fenster.
Dass Du auf krummen Linien gerade schreibst, lobe ich in den gebügelten Hemden.
Dein Licht im Dunkel leuchtet auf im gewischten Fußboden.
Deinen Geisthauch ahne ich im frischgemähten Gras.
Deine Schöpferkraft schmecke ich im gut zubereiteten Essen.

Schenke mir das Staunen über die Fülle der Möglichkeiten,
Dir im Alltag zu begegnen.

CLAUDIA NIETSCH-OCHS

Mein Beten

Meine Müdigkeit
ist mein Beten.

Meine Kraftlosigkeit
ist mein Beten.

Meine Grenzen
sind mein Beten.

Mein Suchen
ist mein Beten.

Ohnmacht und Hoffnung
sind mein Beten.

Abba – Vater,
hinreifen zu Dir
wie die Blumen in der Sonne.

ELISABETH WERNER

Chaosgebet

Es heißt,
über das Tohuwabohu am Anfang
seiest DU gekommen,
GOTTESKRAFT,
um ihm Ordnung, Gestalt und Leben zu geben.
Heißt das dann auch,
am Ende sei mein Tohuwabohu
aus überladenem Schreibtisch und
konfusem Herzen
ein Echo vom Anfang?

Dann kann ich nur bitten:
Komm DU,
GOTTESKRAFT,
über mich
und mach aus dem Chaos mit mir
eine neue Schöpfung:
Wenn DU mein Herz
belebst, gestaltest und ordnest,
übernehme ich den Schreibtisch.

HILDEGARD KÖNIG

Berühre unsere Herzen

Mitten in unser Dunkel
Mitten in unsere Angst
Mitten in unsere Ohnmacht
Mitten in unser Versagen
Mitten in unsere Traurigkeit
Mitten in unsre Verzweiflung
Mitten in unsere Einsamkeit
Mitten in unsere Rastlosigkeit
Mitten in unseren Alltag
Kommst Du, o Gott
Schenkst uns Licht
Schenkst uns Zuversicht
Schenkst uns Mut
Schenkst uns Vergebung
Schenkst uns Freude
Schenkst uns Hoffnung
Schenkst uns Heil
Schenkst uns Trost
Schenkst uns Liebe
Schenkst uns Leben
Schenkst uns Dich selbst

Berühre Du unsere Herzen,
dass sie sich öffnen für Dich
Fülle Du unsere Herzen
mit Liebe und Licht,
dass wir weitergeben
was wir durch Dich empfangen

ULRIKE GROSS

Gebet um Heiligen Geist

Komm

Heiliger Geist,
fackle nicht lange
zieh uns in deinen Bann

Komm
Heiliger Geist
hauch uns an
entfache uns

Komm
Heiliger Geist
lodere in uns
sei Kraft, die in uns glüht, ohne zu verglühen

Komm

ANGELA BERLIS

Klagegebet

Das war mein Leben, Gott, vergiß das nicht!
Ich werde niemals wieder eines haben –
du kannst's verzögern, daß sie mich begraben
und daß mein Herz an diesem Kummer bricht;
doch seither bin und bleib ich eine Leiche.
Sag nicht, so viele hätten schon das gleiche
mit deiner Hilfe herrlich überstanden
und wären fromm und Heilige geworden.
Mein Leichnam tobt und will sich noch ermorden
und die dazu, die dich als Trost erfanden,
dort, wo du niemals wirklich wirksam bist.
An meinen Nerven zehrt ein Wolf und frißt –
bist das auch du? Und wühlt denn deine Hand
in meinem Häuflein glimmenden Verstands
so grob herum und hält mich überwach,
wenn alle schlafen? – Gott, sag das nicht nach,
sag keins der lauen Worte deiner Frommen!
Ich will ja noch nicht in ihren Himmel kommen!
Nur einmal noch – bevor sie mich begraben –
laß mich im Traum ein Fünklein Liebe haben.

CHRISTINE LAVANT (1915–1973)

Anruf

Mein Gott, du bist kein Gott der
Weichheit, des Wortes und des Weihrauchs,
kein Gott der Vergangenheit. Ein Gott
der Allgegenwart bist du. Ein fordernder
Gott bist du mir. Du heiligst mich mit
deinem »Du sollst«; du erwartest meine
Entscheidung zwischen Gut und Böse, du
verlangst, daß ich beweise, Kraft von
deiner Kraft zu sein, zu dir hinauf
zu streben, andere mitzureißen, zu
helfen mit allem, was ich vermag.

Fordere, fordere, damit ich jeden
Atemzug meines Lebens in meinem
Gewissen fühle, es ist ein Gott.

BERTHA PAPPENHEIM (1859–1936)
14. November 1935

Toter Sonntag

Im seichten Gewässer von Fernsehen und Langeweile
welken die Stundenblumen zum Abend hin
und find keine Spur von Dir
und ist doch Dein Zeichen der Sonntag

Dass wir noch mehr sind
als arbeiten essen und schlafen
und laufen im Hamsterrad
nur fühl ich es nicht Gott
gefangen bin ich in Montagsgedanken und
Dienstagssorgen
kein Raum für Seifenblasen
kein Ohr für Freudenklänge
kein Platz für Dich Gott im Sonntagsgemisch

Erbarme Dich doch
komm uneingeladen

CAROLA MOOSBACH

Pinnwand

So vieles ist wichtig
so vieles dürfen wir nicht
vergessen müssen wir
merken aufschreiben
notieren anheften
aussondern wegwerfen
jeden Tag sieht sie anders aus
die Pinnwand
einen Tag einmal leerräumen
damit wir uns nicht

verzetteln
Gott!

CHRISTEL VOSS-GOLDSTEIN

ich komme auf dich zu
wenn ich meiner arbeit nachgehe
unter tausend gedanken den einen zu finden
der die welt heute weiterbringt

du bist ein gott der denken schätzt
und menschen aller zeiten
haben dich geliebt
mit der kraft ihrer neugier
der unerschöpflichkeit ihres verstandes
verleih auch meinem geist die flügel
und er hebt sich ideenreich
aus dem gleichmaß des vertrauten
durchdringt zusammenhänge
schafft neuland im kopf
und bringt endlich zur sprache
was du gesagt haben willst

lass mich im denken
dir zugetan sein
und mit dem stift in der hand
die welt verändern

MARTINA KREIDLER-KOS

Geistesblitz

Beim Geschirrspülen in Gedanken versunken,
das Handtuch am Arm,
als ich Radio hörte ganz nebenbei –
eine Meldung, die mich aufhorchen lässt.

Ein Wort, das plötzlich trifft.
Jenes Wort, das fehlt.
Was nicht passen wollte, fügt sich zusammen.
In wirren Teilen zeigt sich Klarheit.

Ich danke Dir, Gott, für diesen Geistesblitz:
Inspiration zwischen Kaffeetassen und Kochtöpfen.

Du Weisheit Gottes, Lebenskraft.
Lass Dein Wort wurzeln im Alltag –
und sei es beim Abwasch.

HILDEGUND KEUL

störfall

an manchen tagen
nervt mich alles
nichts
was mich umstimmt
keine lust zu
nichts
kann mich ärgern
soviel ich will
schlecht gelaunt sein
und
bin doch unzufrieden
dass DU
mir so
in die quere kommst
DU STÖRST!

HILDEGARD KÖNIG

Sinfonia Oecumenica

Gott, wir kommen vor dich, inmitten all dessen,
was uns täglich in Atem hält, voller Durst nach Leben.

Erfrische uns mit deiner Gegenwart.
Erneuere deine Energien in uns.
Reinige uns von allem,
was dein Ebenbild in uns verzerrt.
Lass uns aufleben, lass unseren Durst
gestillt werden aus den Tiefen deiner Liebe.

Öffne unsere Ohren für das Sehnen
nach Erneuerung inmitten der Schöpfung.
Öffne unsere Augen für die Schönheit
der Schöpfung.
Öffne unsere Herzen für die Ströme
des lebenwirkenden Geistes,
der gegenwärtig ist in der ganzen Welt.

Das bitten wir durch Jesus Christus.
Amen.

Segen

Gott sei das Haus, das dich beschützt,
das Brot, das dich nährt,
die Freundin, die dich begleitet.
Gott segne dich.

Sei gut beschützt
in Tagen und in Nächten.
Gott segne dich.

Der Friede Gottes
Erfülle und beschütze dich.
Gott segne dich.

ELISABETH WUNDERLI-LINDER

Bei der Arbeit

Ich bügle.
Diese Arbeit macht mir keinen Spaß,
aber ich werde mich freuen,
wenn ich es geschafft habe.

Ich bügle.
Meine Gedanken kreisen
durch den Tag.
Da und dort bleiben sie hängen.
Ich sinniere, ich grüble, ich träume, ich bügle.
Ich habe das Gefühl,
alles, was ich heute erlebt habe,
wird mitgebügelt.
Manches dabei ausgebügelt,
ein bisschen glattgebügelt,
weniges behält seine Falten.

Ich bügle.
Meine Gedanken kreisen
durch den Tag.
Sie kommen auch bei dir vorbei,
Gott.
Du siehst mich.
Ich lächle dir zu.
Danke.
Bald bin ich fertig.

CHRISTIANE BUNDSCHUH-SCHRAMM

anfangen gemeinsam
sein zerbrechen frei sein
abwaschen **Schätze**
heben schweigen
heil werden anfangen
gemeinsam sein zer-
brechen frei sein ab-
waschen **Schätze heben**
schweigen heil werden
anfangen gemeinsam sei-
n zerbrechen frei sein
abwaschen **Schätze**
heben schweigen heil
werden anfangen

Lobpreis

Sei gepriesen, weil Du mich erschaffen hast.

KLARA VON ASSISI

Gott, ich danke Dir.
Du hast mir nur das zugemutet,
was ich ertragen konnte.
Mir die Augen geöffnet,
wenn ich zu sehr im Schicksal verharrte.
Bei der Erziehung unserer Kinder hast Du
mich begleitet.
Du hast es mir leicht gemacht,
als ich sie in Deine Hände gab.
Du begleitest mich auf meinem Lebensweg,
zeigst mir immer wieder die schönen Seiten in meinem Alltag.
Ich darf mich über die ersten Frühlingsblumen freuen,
auch die ruhigen Phasen des Sommers genießen,
im Herbst die bunten Farben sehen
und im Winter mich wieder auf die länger werdenden Tage
freuen.
Ich bin nicht immer einverstanden
mit Deiner Planung.
Manchmal möchte ich woanders hin,
aber es ist gut.
Ich muss mich nur verlassen,
abwarten,
was Du mit mir vorhast.

PETRA STRÄTER

Lieber Gott, ich danke dir für alles,
was ich heute mit deiner Kraft und Hilfe
tun und leisten konnte für meine Mitmenschen.
Ohne deine Hilfe wäre ich arm und hilflos.
Ich bitte dich, schenk
mir eine geruhsame Nacht
und lass mich morgen den neuen Tag wieder froh
und hilfsbereit meistern.
Du bist mir immer wieder Ansporn und Mut.
Lass mich und alle meine Lieben gesund sein
und gib, dass wir gut miteinander zusammen leben.
Danke nochmals für alles, guter Gott.
Herr, erhöre mein Gebet und lass mein Rufen zu dir kommen.
Amen.

HEDWIG KUHN

Gebet am Geburtstag

Wenn wir den Tag feiern, an dem unsere Mütter
uns geboren haben,
erheben wir die Hände zu Dir, unserem Gott, und preisen Dich.

Aus Deinem Mund strömt unser Atem,
aus Deiner Hand kommt unsere Kraft.

Weggefährtin bist Du,
die uns führt und leitet,
die uns nicht aus den Augen lässt,
die uns aufnimmt, wenn wir am Ende sind.

Dein Zelt ist unser Zelt am Tag der Geburt.
Dein Haus ist unser Haus im Lauf des Lebens.
Dein Himmel ist unser Himmel am Ende der Zeit.

Darum preisen wir Dich
in unsern Müttern und ihrer Lebenskraft,
in aller Schöpfung, in ihrem Werden und Vergehen,
in und durch uns.

Höre unser Gebet, das aus Dir kommt
und zu Dir findet am Tag unserer Geburt,
an diesem Tag und in Ewigkeit.

AURELIA SPENDEL OP

Du gestaltest uns mit Deinen Händen

Du hast den Menschen erschaffen nach Deinem Bild
Du lässt uns werden, wer wir sind
Du gestaltest uns mit Deinen Händen:

wie ein Töpfer
Lehm knetet –
zerbrechlich

wie eine Bäckerin
Brot formt –
vergänglich

wie eine Hebamme
zum Leben verhilft –
menschlich

ANGELA BERLIS

Und Gott machte eine Frau aus mir,
mit langem Haar,
Augen,
Nase und Mund einer Frau.
Mit runden Hügeln und Falten
und weichen Mulden,
höhlte mich innen aus
und machte mich zu einer Menschenwerkstatt.
Verflocht fein meine Nerven
und wog sorgsam
meine Hormone aus.
Mischte mein Blut
und goß es mir ein,
damit es meinen Körper
überall bewässere.
So entstanden die Gedanken,
die Träume,
die Instinkte.
All das schuf er behutsam
mit seinen Atemstößen
und seiner bohrenden Liebe,
die tausendundein Dinge, die mich täglich zur Frau machen,
derentwegen ich stolz
jeden Morgen aufwache
und mein Geschlecht segne.

GIOCONDA BELLI

Gott, unsere gute Mutter, unser guter Vater,
segne und bevollmächtige euch mit aller Kraft und Macht,
die ihr zum Wirken und zum Handeln braucht.

Gott, Schöpferin Liebe,
die Eva zur Mutter aller Lebenden machte,
segne euch, wenn ihr euch für das Leben stark macht.

Gott, Recht sprechend durch den Mund der Prophetin und
Richterin Deborah,
segne euch, wenn ihr für Gerechtigkeit eintretet.

Gott, sich zuwendende Liebe,
die nach uns schaut, wie nach der unterdrückten, verstoßenen
Sklavin Hagar,
die ihr den Brunnen in der Wüste auftat und sie zur
Stammmutter eines neuen Volkes machte,
segne euch, wenn ihr neue Formen des Lebens außerhalb
patriarchaler Strukturen sucht und erprobt.

Gott Mirjams,
der durch sie das Volk ermutigte, den Weg in die Freiheit zu
gehen,
segne und begleite euch auf den trockenen, steinigen Wegstre-
cken der Nichtbeachtung und Anfeindung ins Land der Verheißung und Visionen.

Gott der Maria,
die sein gutes Wort der Liebe zur Welt brachte, nährte und schützte,
segne euch und lasse in euch die Freude wachsen, seine geliebten Töchter und Freundinnen zu sein.

Gott segne euch mit der Beharrlichkeit der kanaanäischen Frau, die Jesus dazu bewegte, ihre Tochter zu heilen.
Gottes Segen sei mit euch, wenn ihr euch für das Recht jeder Frau einsetzt,
heil und ganz zu sein.

Gott, der für die ersten Gemeinden die Apostelin Maria von Magdala, die Diakonin Phoebe und Prophetin Hanna berufen hat,
Gott, die immer wieder auch heute Frauen beruft,
erfülle euch mit Segen immer da, wo ihr Leitungsämter übernehmt.

So segne euch – im Scheitern und im Gelingen – der dreieine Gott:
Gott, uns Vater und Mutter,
Gott, Jesus Christus uns Bruder,
Gott, Geistes Kraft, die die Liebe in uns stärkt.

Geht hin in Frieden und Freude, bevollmächtigt durch Gottes Kraft und Segen.

ELLEN ULLRICH / GABRIELE DÜRSCH

Segen für Frauen

Gottes Segen komme zu uns Frauen,
daß wir stark sind in unserer schöpferischen Kraft,
daß wir mutig sind in unserem Recht.

Gottes Segen komme zu uns Frauen,
daß wir Nein sagen, wo es nötig ist,
daß wir Ja sagen, wo es gut ist.

Gottes Segen komme zu uns Frauen,
daß wir schreien, wo Unrecht ist,
daß wir schweigen, wo Entsetzen ist.

Gottes Segen komme zu uns Frauen,
daß wir Weisheit suchen und finden,
daß wir Klugheit zeigen und geben.

Gottes Segen komme zu uns Frauen,
daß wir die Wirklichkeit verändern,
daß wir das Lebendige fördern.
Daß wir Gottes Mitstreiterinnen sind auf Erden!

HANNA STRACK

Gebet

Gott, unsere Mutter und Schöpferin!
Du bist die Macht-in-Beziehung.
Wir spüren Dich
im Berührtwerden und im Berühren.

Du hast uns Frauen geschaffen
voll Macht.
Lass uns die Kraft spüren,
die Du uns schenkst.
Vertreib unser Misstrauen gegen die Macht.
Gib uns Mut zur Macht,
nicht Macht als Zwangsmacht, Herrschaft und Kontrolle,
sondern Macht als Seinsmacht und Verantwortung.

Ermutige uns,
nicht jede Ungerechtigkeit auf einen
allmächtigen Gott oder »Die da oben« zu schieben,
sondern uns einzumischen,
Streit zu wagen,
unbequem zu sein.
Nimm uns die Angst vor Konflikten.
Schenke uns Selbstvertrauen und Vertrauen
in die Kompetenz anderer Frauen.

Lass uns einander ermutigen und stärken,
denn im Anfang ist die Beziehung
und in der Beziehung liegt die Macht,

die die Welt durch uns und mit uns schafft.
Gott, heilige Weisheit,
sei mit uns
voll Macht.

Amen.

CHRISTA MATHIES
nach Gedanken von Carter Heyward

Im Schatten deiner Flügel dürfen unsere Schatten leben
und sich entscheiden für Dunkelheit oder Licht.
Immer sind sie aufgehoben so wie wir, ganz.
Hole heraus aus allen Tiefen, was uns quält und fesselt.
Halte in deiner Hand, was wir verbergen wollen.
Gott, Öl und Duft für Leib und Seelen,
Wärme und Halt, Kühlung und Freiheit.
Gott für uns, ganz.

AURELIA SPENDEL OP

Segensgebet für Mädchen

Zwinkert euch zu
lacht miteinander
tuschelt im Pausenhof
und nehmt euer Leben in die Hand.

Interessiert euch
fragt nach
denkt euch was aus
seid neugierig und vorsichtig zugleich
und nehmt euer Leben in die Hand.

Stellt eure Fragen
lasst nicht locker
weicht einem Streit nicht aus
stellt euch mit eurem ganzen Ich
und nehmt euer Leben in die Hand.

Und tanzt
seid beschwingt
spürt euren Rhythmus
und lasst euch von Gott an der Hand nehmen.
Gottes Segen sei euch sicher.
Amen. Halleluja.

CHRISTIANE BUNDSCHUH-SCHRAMM

Glaubensbekenntnis

Wir glauben
an das Geheimnis des Lebens, das wir Gott nennen.
Wir nennen Gott mit unseren Namen,
Vater und Mutter,
heilige Ganzheit,
schöpferische Lebensdynamik,
und vertrauen, dass Gott uns nahe ist
und wider allen Anschein Macht hat
und unter den Menschen wirkt.

Wir glauben an Jesus, in dessen Begegnungen
die tiefe Kraft des Lebens den Menschen nahe kam,
der unabhängig von der Macht und Meinung anderer
alles Lebensverneinende anging, sich einmischte und aufrieb,
bis ihm selbst das Recht zu leben genommen
und er ermordet wurde.
Er wurde zum Weizenkorn, das in die Erde fiel
und neues Leben hervorbrachte,
ein Leben, das uns einlädt,
als geheilte, erlöste und befreite Menschen ihm nachzufolgen.

Wir glauben an die heilige Ruach,
die uns lebendig und sensibel macht,
uns Wege führt, die wir aus eigener Kraft nie zu gehen wagen,
die uns Wachstumsmöglichkeiten und Leben eröffnet
und Türen aufstößt, die verschlossen scheinen.
Sie begleitet uns auf dem Weg der Befreiung
und führt uns in ein neues Land, in dem jede und jeder
mit ihrer Art, ihren Fähigkeiten und Begabungen gefragt ist.

Wir hoffen auf eine gelingende Gemeinschaft,
eine Gemeinschaft befreiter Schwestern und erlöster Brüder,
in der niemand das Leben der anderen zum Absterben bringt,
sondern wir uns bei Schritten ins Leben unterstützen.
Wir glauben, dass diese Zeit schon angefangen hat
und sich unter uns Bahn brechen will.

URSULA SCHELL

Abendgebet für gute Tage

Ja gesagt
und auch Nein
zur richtigen Zeit

Menschen getroffen
und Heimat gefunden
am richtigen Ort

Arbeit getan
und den Sinn gewusst
Leben geschmeckt
und verstanden
worden
bis in die Tiefe

Den müden Kopf
in Dein Dunkel gelegt
und die offenen Fragen
an Dein faltiges Herz
ruhewärts

CAROLA MOOSBACH

anfangen gemeinsam
sein zerbrechen frei sein
abwaschen Schätze
heben **schweigen**
heil werden anfangen
gemeinsam sein zer-
brechen frei sein ab-
waschen Schätze heben
schweigen heil werden
anfangen gemeinsam
sein zerbrechen frei sein
abwaschen Schätze
heben **schweigen** heil
werden anfangen

Verlangen

Herr, die Stärke des Verlangens
hat mir die Stimme zum Sprechen genommen.

MECHTHILD VON MAGDEBURG (UM 1207–1282)

Mit Schweigen

Mit meinem Schweigen
werde ich dich
zum Reden bringen

Dann hören wir
gemeinsam
den unterirdischen
überirdischen
Gesang

ROSE AUSLÄNDER (1901–1988)

Gebet im Dunkel des Wartens

Für die Dunkelheit des Wartens,
des Nichtwissens, was auf uns zukommt,
des Bereitseins in Ruhe und Aufmerksamkeit,
preisen wir Dich, o Gott,
denn Dunkelheit und Licht
sind vor Dir gleich.

Für die Dunkelheit des Schweigens,
für den Schrecken, wortlos zu sein,
und den größeren Schrecken,
keine Worte zu brauchen,
preisen wir Dich, o Gott,
denn Dunkelheit und Licht
sind vor Dir gleich.

Für die Dunkelheit des Liebens,
in der wir sicher sind, wenn wir uns ausliefern,
wenn wir jede Verteidigung aufgeben
und unser Verlangen nicht mehr zurückhalten,
preisen wir Dich, o Gott,
denn Dunkelheit und Licht
sind vor Dir gleich.

Für die Dunkelheit der Entscheidung,
in der Du uns eine Zeit gibst
zu sprechen, zu handeln und zu verändern,
wo wir nicht wissen,
was wir in Bewegung gesetzt haben,
und dennoch das Wagnis auf uns nehmen müssen,

preisen wir Dich, o Gott,
denn Dunkelheit und Licht
sind vor Dir gleich.

Für die Dunkelheit der Hoffnung
in einer Welt, die nach Dir verlangt,
für das Stöhnen und Ringen der ganzen Schöpfung
nach Gerechtigkeit und Freiheit
preisen wir Dich, o Gott,
denn Dunkelheit und Licht
sind vor Dir gleich.

JANET MORLEY

Dein Wort

Zwischen Stummsein,
das der Liebe schadet,
und einem Ausbruch von Worten,
der die Wahrheit übertönt,
schenke mir Dein Wort.

HILDEGUND KEUL
nach Madeleine Delbrêl

Geheimnis

Du Zuflucht, Wiege
wie der Mutterschoß,
darin ich unbeschadet
existiere.

Entlaß mich nicht!
Du! Laß mich niemals los –
weil ich mich sonst
verliere.

Du birgst mich in Dir
vor dem kalten Licht,
läßt mich in Schauern
nicht erblinden.

Geheimnis
mit dem zärtlichsten Gesicht:
Nichts will ich, – nur
Dich finden!

DANIELA LOWARTH

Rufendes Schweigen

Je stiller ich schweige
umso lauter rufe ich –
erhöre mein Schweigen, o Gott.

HILDEGUND KEUL
nach Mechthild von Magdeburg

Beim Zeitunglesen

Sprachlos wende ich mich an dich, Gott,
und fassungslos.

Schreien möchte ich, denn
mir fehlen die Worte, mir fehlt eine Antwort
angesichts dessen, was passiert ist:

Warum?

Wie kann die Welt sich weiter drehen, die Sonne weiter
scheinen, die Blumen weiter blühen,
nachdem *das* passiert ist,
während gar nicht weit von mir
Menschen
mit ihrer Trauer,
ihrem Schmerz,
ihrer Verzweiflung kämpfen
und nicht mehr weiter wissen.

Für sie bringe ich meine Klage vor dich und
mein Nichtverstehen.
Für sie bitte ich um Trost.
Für sie wünsche ich mir, dass Glücklichsein wieder
möglich ist, irgendwann.
Für sie – und für mich.

ANDREA KETT

Stille mich Gott
im Schweigen
nähre mich fülle mich Gott
mit Liebe
berge mich leite mich Gott
ins Weite
stärke mich Gott
mit Freude
gründe mich tauche mich ein
ins Tiefe
höre mich Gott

CAROLA MOOSBACH

Psalm

1

Schweigt mit mir, wie alle Glocken schweigen!
[...]

3

O Augen, an dem Sonnenspeicher Erde verbrannt,
mit der Regenlast aller Augen beladen,
und jetzt versponnen, verwebt
von den tragischen Spinnen
der Gegenwart ...

4

In die Mulde meiner Stummheit
leg ein Wort
und zieh Wälder groß zu beiden Seiten,
daß mein Mund
ganz im Schatten liegt.

INGEBORG BACHMANN (1926–1973)

Schweigegesang

Das Lob Deiner Dunkelheit möchte ich singen
im tonlosen Schweigegrund bei Dir sein
den Klang Deiner Stille Gott möchte ich hören
und tanzen in Dir meine Seele

Und spüre dich so unbegreiflich
wundersames Dunkel Du
tauchst mich ein in Freudetiefen
wurzelst mich ins Leben ein
Worte wachsen aus der Stille
und in sie hinein

CAROLA MOOSBACH

Vor dir steht die leere Schale meiner Sehnsucht *

Du siehst, wer sie vor dich hinstellte.
Du siehst mir ins Herz.

Ich bin dein Geschöpf,
Mensch,
von einer Frau geboren,
von dir als Frau gewollt,
von dir als Frau berufen.

Fülle die Schale meiner Sehnsucht
mit Nahrung für Leib und Seele,
mit den Gaben deines Geistes,
mit Verständnis für die Zeit,
in der ich lebe,
mit Liebe zu dir, zu mir, zu den andern,
zu deiner Schöpfung.

Fülle die Schale meiner Sehnsucht
mit Leere,
mit Offenheit und Vertrauen,
damit ich
zu einer Schale
deiner Sehnsucht
werde.

AURELIA SPENDEL OP
Zitat nach Gertrud von Helfta

Immer wieder neu

Und immer wieder neu
stehe ich vor Dir mit leeren Händen
und Du füllst sie mir
mit Deiner Stille.

MONIKA ALTENBECK

Mitten am Tag

Ich werde still.
Gott meines Lebens, ich finde mich vor dir ein mitten am Tag.
Mit meinem Leib, mit meinem Atem,
mit meinem Denken und Fühlen,
so wie ich jetzt bin.
Mit jedem Ein- und Ausatmen möchte ich stiller und hörender
werden.
Ich möchte mich von dir einladen lassen innezuhalten.

Ich bin gefüllt mit allem, was der Tag bis jetzt gebracht hat.
Ich lasse diesen Vormittag noch einmal an mir vorüberziehen,
Stunde um Stunde, Ort für Ort, Begegnung für Begegnung.
Ich lasse alle Geschehnisse, Gedanken und Gefühle noch einmal
aufsteigen.

Ich will dich loben mit allem, was heute den Glanz deiner
Gegenwart hatte,
Ich will dir danken für alles, was ich tun konnte und was mir
gelungen ist.

Barmherziger, schenke mir Versöhnung und Heilung,
wo ich meine Kräfte überschätzt habe.
Schenke mir Versöhnung und Heilung
für alles Halbherzige und Gleichgültige, für alles Hetzen und
Drängen,
das mich von dir entfernte.

So bringe ich diesen Tag in der Mitte vor dich:
Nimm du ihn an.

Gib mir Zuversicht und Vertrauen
in deine Gegenwart:
für den zweiten Teil dieses Tages,
für alles, was ich tun kann,
für alles, was mir geschenkt wird.

CLAUDIA NIETSCH-OCHS

Ohne Vorbehalt
und ohne Sorgen
leg ich meinen Tag
in Deine Hand.
Sei mein Heute,
sei mein gläubig Morgen,
sei mein Gestern,
das ich überwand.

Frag mich nicht
nach meinen
Sehnsuchtswegen –
ich bin aus Deinem Mosaik
ein Stein.
Wirst mich
an die rechte Stelle legen.
Deinen Händen
bette ich mich ein.

QUELLE UNBEKANNT

Vertrauen

Gott der Nacht
Sehnsucht nach Schlaf
Sehnsucht nach Träumen
öffne Du die Kammern der Nacht.

Schlingern der Seele
tastende Geste
atme Du in mich deine Ruhe hinein.

Fallen und lassen
Verlangen nach Wärme
schließ Du die Sterne jetzt für mich auf.

Geöffnete Hände
Ruf voll Vertrauen
lass mich Dich wiegen

Gott in der Nacht.

AURELIA SPENDEL OP

Segensruf

Mach unser Beten lebendig Gott
die müden Wörter bring sie zum Tanzen
in Deinem Rhythmus
in Deinem feurig pulsierenden Rhythmus
sollen sie tanzen

Beschenke uns nähre uns rühre uns an
mit Deiner Nähe Gott
mit Deiner kostbaren zärtlichen Nähe rühre uns an

Tauche uns ein ganz tief in Dein Schweigen Gott
in Dein schwebendes fließendes Schweigen
tauche uns ein Gott wir lassen Dich nicht
bis Du uns segnest
bis Du uns leuchtest in allen Farben des Lebens
bis Du uns einhüllst in Deinen bergenden Frieden

CAROLA MOOSBACH

anfangen gemeinsam
sein zerbrechen frei sein
abwaschen Schätze
heben schweigen
heil werden anfangen
gemeinsam sein zer-
brechen frei sein ab-
waschen Schätze heben
schweigen **heil werden**
anfangen gemeinsam sei-
n zerbrechen frei sein
abwaschen Schätze
heben schweigen **heil**
werden anfangen

O heilende Kraft, die sich Bahn bricht!
Alles durchdringst Du
in Höhen, auf Erden, in den Abgründen all,
Du fügest und schließest alles in eins.
Durch Dich fluten die Wolken, fliegen die Lüfte!
Die Steine träufeln vom Saft,
die Quellen sprudeln ihre Bäche hervor,
durch Dich quillt aus der Erde das erfrischende Grün!
Du führest auch meinen Geist ins Weite,
wehest Weisheit in ihn
und mit der Weisheit die Freude!

HILDEGARD VON BINGEN (1098–1179)

O Gott, unser Tanz,
in dem wir leben und uns bewegen und sind.
Lenke unsere Stärke
und hilf unserer Schwachheit auf,
so daß wir mit Kraft
in die Bewegung Deiner ganzen Schöpfung eintreten,
durch unseren Gefährten Jesus Christus. Amen.

JANET MORLEY

Gebet einer Schwerkranken

Gott,
ich weiß nicht, wie ich Dich jetzt anreden soll,
denn ich bin schwer krank und ich weiß nicht,
wie es weitergehen wird.
Meine Zukunft liegt im Dunkeln und ich habe Angst.
Ich weiß auch nicht mehr,
ob du ein gütiger oder barmherziger Gott bist,
wie ich es so oft in der Kirche gehört habe.
Und wenn, dann weiß ich auch nicht,
ob Du mich jetzt hörst.
Es ist ja nicht das erste Mal,
dass ich Dich in meiner Krankheit um Hilfe anrufe.
Jesus, Dein Sohn, hat einmal gesagt:
»Ich bin bei euch alle Tage!«
Doch wo ist er in meinem Rufen?
Und: Ist er bei meiner Familie?

Gott,
ob Du bist oder ob Du nicht bist,
ob Du mich hörst oder nicht hörst –
das wenigstens möchte ich Dir sagen:
Hilf mir, Leid und Schmerzen anzunehmen,
wenn ich ihnen schon nicht entkommen kann.
Lass mich Dich in diesen Stunden meines Lebens erfahren
als jemand, der bei mir ist.
Lass mich erfahren,
dass Du bei den Menschen bist, die mir so unendlich lieb sind.

Stehe all denen bei,
die mir in meiner Situation gut sein wollen.
Halte mich jetzt, Gott,
wo ich mich selbst nicht mehr halten kann.

GERTRUD HINNEMANN

Heile mich

Verletzt
vor vielen Jahren
trage
ich die Wunde –
lebenslang?

Dünne Haut wächst,
wird weggerissen –
immer wieder.

Verletzt
immer neu
spüre
ich die Sehnsucht –
heile mich!

Lege deine Hand in meine Wunde,
berühre sie behutsam
und halte mich heilend.

Du, mein Heiland.

Und jeder neue Schmerz
binde mich
an dich.

MARIE-LUISE LANGWALD

Du Schöpferin
hast mich gebildet
wunderbar bereitet
in meiner Mutter Leib
Du lehrst mich fliegen
jünger werden
und leicht
Du hältst meine Seele
wenn ich stürze
atemlos stürze
ins Aus

Du
verwandelst mein Sterben
in Tanz
meine Füße springen ins Licht
Mein Leib
dein heiliger Tempel
singt
von deiner Weisheit
Tag und Nacht

GERTRUD HANEFELD

Segensgebet mit einer Rose

Göttlicher Nährboden
lasse dich wachsen und gedeihen und gebe dir Standfestigkeit,
wenn du für Gerechtigkeit eintrittst.

Göttliche Kraft
verleihe dir Gewicht, das du in die Waagschale werfen kannst,
wenn deine Stimme vonnöten ist.

Göttliche Zärtlichkeit
schenke dir Entfaltungsmöglichkeiten für alles,
was in dir aufbrechen will,
damit sich dein Leben und das Leben um dich herum entfaltet.

URSULA SCHELL

Bedingungslos geliebt

Gott,
in Deinen Händen erfahre ich
Herzlichkeit, Nähe, Trost, Geborgenheit,
auch Kraft und Stärke.
In Deine Hände lege ich
meine unbändige Sehnsucht nach Liebe,
nach Geliebt-Werden und selbst zu lieben.
In Deine Hände lege ich
meine Einsamkeit, wenn sie mich überfällt,
Erfahrungen des Am-Rande-Stehens
oder Stehen-Gelassen-Werdens.
In Deine Hände lege ich
den Ort, an dem ich lebe,
die Aufgaben, die ich habe.
In deine Hände lege ich
mein Kämpfen um Selbstständigkeit,
meine Rollen in Partnerschaft, Beruf, Kirche und Gesellschaft.
In Deine Hände lege ich
meine Bitte um eine engagierte Gelassenheit in allem.
Ich lege all das in Deine Hände in dem Vertrauen,
dass Du damit liebevoll und behutsam umgehst
und in ein Leben in Fülle verwandelst.

CHRISTL WINKLER SA

Segen

Gott, Dein Lebensatem hüllt uns ein
wie die Luft, die wir atmen.

Hände auf die Augen legen
Hülle uns ein – segne unsere Augen,
öffne sie für die Farben deiner Schöpfung.

Hände auf die Ohren legen
Hülle uns ein – segne unsere Ohren,
öffne sie für die Lebensgeschichten der anderen Menschen.

Hände auf den Mund legen
Hülle uns ein – segne unseren Mund,
öffne ihn für Hoffnungsworte.

Rechte Hand auf die Schulter der Nachbarin/des Nachbarn legen, die linke Hand auf das eigene Herz
Hülle uns ein und segne uns alle,
lass uns spüren, dass wir alle durch Dich verbunden sind.
Bleibe um uns und in uns.

So segne uns Gott – der uns wie Mutter und Vater ist,
durch Christus unseren Wegbegleiter, im Lebensatem, der alles umhüllt.

URSULA SCHELL

Schütze mich, Gott,
denn ich habe mich geborgen in dir
(Ps 16,1)

all mein dunkel
meines herzens abfall
bette ich in Dir

nicht ich
kann mich erhellen
kann meine wege
ebnen zu mir

in Dir
habe ich mich *geborgen*
in der wiege
Deines erbarmens
in Deinem mutterschoß

PETRA FIETZEK

Neu geboren

Herr, ist es möglich,
dass einer neu geboren wird,
der schon des Lebens Mitte überschritt?

Du hast's gesagt,
und mir ward es zur Wirklichkeit.
Des langen Lebens Last
an Schuld und Leid
fiel von mir ab.
Ach, keines Menschen Herz
vermag es zu fassen,
was du denen bereitest, die dich lieben.

Nun hab ich dich
und lasse dich nicht mehr.

EDITH STEIN (1891–1942)

magnificat

großhalten vor der welt
will ich dich
durch meine lebenslust
durch meine liebe
durch das feuer in mir
großhalten

denn DU bist um mich
machst mich stolz und gelassen
setzt mich frei
gibst mir schubkraft
beflügelst meine gedanken

großhalten in meinem herzen
will ich dich
gegen meine kleinlichkeit
gegen mein selbstmitleid
gegen alle berechnung
dich einlassen und
großhalten

HILDEGARD KÖNIG

Segen zum Fest der heiligen Odilia

Christus, inneres Licht,
Du bist es, der in uns brennt
als inneres Feuer der Hoffnung,
damit wir selbst und die Menschen um uns
zu Vertrauen und Hoffnung ermutigt werden.

Christus, Quelle des Lebens,
Du bist es, der in uns sprudelt
als lebendiges Wasser,
damit wir selbst und die Menschen um uns
Lebenskraft schöpfen können.

Christus, Auge des Lebens,
Du bist es, der uns sehend macht
als innere Sehkraft,
damit wir selbst und die Menschen um uns
Seherinnen und Seher werden für die Visionen des Lebens.

Du verbindest uns mit anderen
im gemeinsamen Engagement und Gebet,
im solidarischen Miteinander und innerer Einkehr.
Sei uns nahe und begleite uns.

URSULA SCHELL

Hier bin ich,
Gott, vor Dir.
So wie ich bin.

Ich öffne mich Deiner Nähe.
Deine Lebenskraft fließt in mir,
mein Atem,
der mich trägt und weitet ...
lass Ruhe in mich einkehren ...

Hier bin ich,
Gott, vor Dir.
So wie ich bin.

Mit meiner Anspannung, meiner Freude,
meiner Traurigkeit und Enttäuschung.
Mit meiner Wut und meiner Ungeduld.
Mit meinem Stolz.
Mit meiner Sehnsucht.

Gott, Quelle des Lebens,
reinige mich,
erneuere mich.
Heile mich.

QUELLE UNBEKANNT

Gebet für arm- und kleingemachte Menschen

Du, unser Gott, bist ein Gott des Lebens,
ein Gott, der eine Vorliebe hat für arm- und kleingemachte
Menschen,
für Menschen, die am Rand stehen.
Ich bringe dir die Frauen, mit denen ich eine Wegstrecke ihres
Lebens gehe
und die, wenn sie auf ihr Leben schauen,
einen Scherbenhaufen vor sich sehen:
zerbrochene, kaputtgegangene Beziehungen,
den zerbrochenen Traum von einem geglückten,
sinnvollen Leben,
gescheiterte Pläne und Perspektiven.
Und ich bringe dir, Gott, ihre große Sehnsucht
nach heilwerden und ganz sein.
Du bist ein Gott des Lebens, ein Gott, der rettet, befreit und
heilt.
Schenke Begegnungen, Erfahrungen,
die neue Hoffnung geben,
die Kraft und Mut wachsen lassen für einen Neuanfang,
und lass sie Menschen finden, die ihren Neuanfang liebevoll
begleiten.
Du, Gott des Anfangs, segne sie!

IRMLIND REHBERGER OSF

Abendsegen

Guter Gott,
am Ende dieses Tages erbitten wir Deinen Segen.

Bleibe bei uns in dieser Nacht,
schütze unseren Schlaf und unsere Träume.

Schenke uns Erholung und Entspannung
in der Welt der Dunkelheit.

Bleibe bei uns,
bei unserer Suche nach Dir, den Menschen und uns selber.

Schenke uns Vertrauen und Zuversicht,
dass wir gestärkt den neuen Tag beginnen können.

Amen.

BRIGITTE VIELHAUS

Vermisst

Ich weiß nicht wodurch und warum
Du verloren gingst auf dem Weg und wann
und woran ich mein Herz hängte stattdessen
das fest steckt in Ängsten und lauer Betäubung
statt in mir noch Platz zu lassen für Dich Gott
Du fernes Wort einer fremden Sprache
die einst in mir klang
wie ein flüchtiger Traum scheinst Du mir
so weit weg so verlassen kann Dich nicht hören

Ruf trotzdem nach mir Gott
schließ auf mir das Dunkel
erbarme Dich fehle mir

CAROLA MOOSBACH

Trauer

Gott, heilige Weisheit,
Du kennst unsern Schmerz.
Du siehst unsere Tränen,
auch die ungeweinten.
Du tröstest uns, wie eine Mutter tröstet,
versöhnst uns
mit Verletzungen und Schuld.

Gott, wir bitten Dich:
Nimm unsere Toten, um die wir trauern,
in Deinen mütterlichen Schoß.
Verwandle Trauer in Freude,
Tod in Leben,
Dunkelheit in Licht!

Amen.

CHRISTA MATHIES

Ohne zu lügen

Schaffe in mir gott ein neues herz
das alte gehorcht der gewohnheit
schaff mir neue augen
die alten sind behext vom erfolg
schaff mir neue ohren
die alten registrieren nur unglück
und eine neue liebe zu den bäumen
statt der voller trauer
eine neue zunge gib mir
statt der von der angst geknebelten
eine neue sprache gib mir
statt der gewaltverseuchten
die ich gut beherrsche
mein herz erstickt an der ohnmacht
aller die deine fremdlinge lieben
schaffe in mir gott ein neues herz

Und gib mir einen neuen geist
dass ich dich loben kann
ohne zu lügen
mit tränen in den augen
wenns denn sein muss
aber ohne zu lügen

DOROTHEE SÖLLE (1929–2003)

Segen

Mögest du weitergehen
die Saat der Gerechtigkeit säen
edle Visionen nähren
sanfte Weisheit ernten.

Mögen Geduld und Leidenschaft
dein Samenkorn sein.
Mögen Gottes gute Gaben
deine Hände reichlich füllen.

Mögen in dir sich verbinden
Dankbarkeit und Mut.
Möge durch dich geteilt werden
das Brot des Heiles.
Amen.

ANTOINETTE BREM

Gesundet

Ja ich zweifle nicht, es ist ein Kern, ein edler in mir, der wurzelt, und der mich mir selber wiedergibt. Du hast diesen Kern in mich gebildet; Mut! umsichtige Heiterkeit sind seine ersten Blüten gewesen, und jeden Tag will er mehr Blüten treiben, wie der Baum inmitten wohltätiger Natur! – alles Schicksal nehm ich hin wie Wind und Wetter, und kann's tragen, denn Du hast mich gesund gemacht.

BETTINE VON ARNIM (1785–1859)

Jahwe hat erklärt,
er wolle im Dunkel wohnen
(1 Kön 8,12)

ausgebrannt
die lampe meines zeltes

in aufgeplatzten wunden
der verletzung herz

komm Du
komm
der Du das dunkel suchst

sprich leis mir
liebesworte zu
in die mulde meines ohres

streif meine fingerkuppen
mit Deiner atemhaut

entzünd das dunkel mir
mit Deinem hell

PETRA FIETZEK

Bitte

Wir werden eingetaucht
und mit den Wassern der Sintflut gewaschen
wir werden durchnäßt
bis auf die Herzhaut

Der Wunsch nach der Landschaft
diesseits der Tränengrenze
taugt nicht
der Wunsch, den Blütenfrühling zu halten
der Wunsch, verschont zu bleiben
taugt nicht

Es taugt die Bitte
daß bei Sonnenaufgang die Taube
den Zweig vom Ölbaum bringe
Daß die Frucht so bunt wie die Blüte sei
daß noch die Blätter der Rose am Boden
eine leuchtende Krone bilden.

Und daß wir aus der Flut
daß wir aus der Löwengrube und dem feurigen Ofen
immer versehrter und immer heiler
stets von neuem
zu uns selbst
entlassen werden

HILDE DOMIN (1909–2006)

Herausgeberinnen

Benedikta Hintersberger OP, Dr. theol., geboren 1941. Priorin des Klosters St. Ursula in Augsburg, 1995–2005 Geistliche Begleiterin des Katholischen Deutschen Frauenbundes (KDFB) auf Bundesebene.

Andrea Kett, geboren 1965. Theologin und Anglistin, Referentin für den Fachbereich »Kirche in der Gesellschaft« im Generalvikariat des Bistums Aachen, 2005–2009 Geistliche Begleiterin der Katholischen Frauengemeinschaft Deutschlands (kfd) auf Bundesebene.

Hildegund Keul, Dr. theol. habil., geboren 1961. Leiterin der Arbeitsstelle für Frauenseelsorge der Deutschen Bischofskonferenz und Privatdozentin für Fundamentaltheologie und vergleichende Religionswissenschaft an der Julius-Maximilians-Universität Würzburg.

Aurelia Spendel OP, Dr. theol., geboren 1951. Konvents- und Kapitelbegleiterin, Geistliche Begleiterin und Autorin.

Stichwortverzeichnis

Textnachweis

Der Verlag und die Herausgeberinnen danken allen Frauen, die uns Gebete zugesandt oder ihre eigenen Texte zur Veröffentlichung überlassen haben, und allen, die das Entstehen dieses Buches in irgendeiner Weise unterstützt haben.

Trotz intensiver Bemühungen ist es uns nicht gelungen, alle Rechteinhaber zu ermitteln. Wir bitten diese daher um Verständnis, wenn wir gegebenenfalls erst nachträglich eine Abdruckhonorierung vornehmen können.

Ausländer, Rose
S. 141 aus: Rose Ausländer, Jeder Tropfen ein Tag. Gedichte aus dem Nachlaß, © S. Fischer Verlag GmbH, Frankfurt am Main 1990

Bachmann, Ingeborg
S. 149 aus: Ingeborg Bachmann: Werke, Bd. 1. Gedichte, © 1978 Piper Verlag GmbH, München

Belli, Gioconda
S. 127 aus: Gioconda Belli, Wenn du mich lieben willst, © Peter Hammer Verlag Wuppertal, Neuausgabe 2000

Bundschuh-Schramm, Christiane
S. 17, 49 aus: Christiane Bundschuh-Schramm (Hrsg.), Ich will mit dir sein und dich segnen. Segensfeiern und Segensgesten, © Schwabenverlag, Ostfildern 1999
S. 119 aus: Christiane Bundschuh-Schramm, Weil du mich siehst. Rituale und Übungen, Gebete und Lieder, © Schwabenverlag, Ostfildern 1997
S. 134 aus: Christiane Bundschuh-Schramm/Annedore Barbier-Piepenbrock/ Judith Gaab, Rituale im Kreis des Lebens. Verstehen – gestalten – erleben, © Schwabenverlag, Ostfildern 2004

Dinklager Friedensgebet
S. 32: © Kloster St. Scholastika, Dinklage

Domin, Hilde
S. 182 aus: Hilde Domin, Gesammelte Gedichte, © S. Fischer Verlag GmbH, Frankfurt am Main 1987

Fietzek, Petra
S. 169, 181: Petra Fietzek, Es kommt ein Tag, da deine Grenzen sich weiten. Gedichte, © Matthias-Grünewald-Verlag der Schwabenverlag AG, Ostfildern 2006

Gertrud von Helfta
S. 10, 58, 63, 64, 80 entnommen aus: Gertrud von Helfta: Exercitia spiritualia
– Geistliche Übungen, lateinisch und deutsch. Hrsg., übersetzt und kommen-
tiert von Siegfried Ringler, © Buchverlag Oliver Humberg, Elberfeld 2001. Mit
freundlicher Genehmigung

Gut, Heidrun
S. 37: © bei der Autorin

Hanefeld, Gertrud
S. 165 aus: Gertrud Hanefeld, Zärtlich deine Umarmungen, © Erev Rav 2003,
S. 27

Hauser, Theresia
S. 12, 93, 104: © Rechte bei der Autorin

Hildegard von Bingen
S. 160 aus: Heinrich Schipperges, Hildegard von Bingen. Ein Zeichen für unsere Zeit
© Verlag Josef Knecht in der Verlag Herder GmbH, Freiburg i. Br., 2. Auflage 1988

Hintersberger OP, Benedikta
S. 38 aus: Benedikta Hintersberger/Aurelia Spendel (Hrsg.), Singen, schweigen, tanzen. Frauen feiern Feste, wie sie fallen, © Schwabenverlag, Ostfildern
2005
S. 72f. aus: Aurelia Spendel, Auf dem Weg des Lebens. Mit heiligen Frauen
durch das Jahr, © Schwabenverlag, Ostfildern 2002

Jepsen, Maria
S. 36: © missio Aachen

Katholischer Deutscher Frauenbund
S. 34, 42: © Katholischer Deutscher Frauenbund e. V., Köln

Katholische Frauengemeinschaft Deutschlands
S. 41. © kfd Diözesanverband Paderborn

Kuhn, Hedwig
S. 124: © Rechte bei der Autorin

Lamp, Ida
S. 74 aus: »Themenhefte Gemeindearbeit«, Nr. 35, »Ist einer unter euch ge-
storben«, © Bergmoser + Höller Verlag AG, Aachen

Lavant, Christine
S. 110 aus: Christine Lavant, Die Bettlerschale © Otto Müller Verlag, Salzburg
2002. Abdruck mit Genehmigung des Wallstein Verlags, Göttingen

Lowarth, Daniela
S. 145 aus: Theodor Schneider (Hrsg.), Der Widder in den Dornen, Patmos
Verlag 1990, S. 61, © by Theodor Schneider

Mechthild von Magdeburg
S. 4, 56, 67, 140, 146 aus: Mechthild von Magdeburg, Das fließende Licht der
Gottheit. Zweite, neubearbeitete Übersetzung mit Einführung und Kommentar
von Margot Schmidt. Mystik in Geschichte und Gegenwart, Band I, 11. Verlag
frommann-holzboog, Stuttgart – Bad Cannstatt 1995

Moosbach, Carola
S. 70, 112, 148, 150, 157, 176 aus: Carola Moosbach, Lobet die Eine. Schweige-
und Schreigebete. Matthias-Grünewald-Verlag, Mainz 2000, © Rechte bei der
Autorin
S. 137 aus: Carola Moosbach, Himmelsspuren. Gebete durch Jahr und Tag,
Neukirchener Verlagshaus, Neukirchen-Vluyn 2001, © Rechte bei der Autorin

Morley, Janet
S. 142 aus: Janet Morley, Preisen will ich Gott, meine Geliebte. Psalmen und
Gebete. Aus dem Englischen von C. Amecke-Mönnighoff und A. Esser, © Verlag
Herder GmbH, Freiburg im Breisgau 1989, S. 63f.
S. 161 aus: Janet Morley, Preisen will ich Gott, meine Geliebte. Psalmen und
Gebete. Aus dem Englischen von C. Amecke-Mönnighoff und A. Esser, © Verlag
Herder GmbH, Freiburg im Breisgau 1989, S. 89

Nietsch-Ochs, Claudia
S. 13f., 51, 153f. aus: Claudia Nietsch-Ochs, Wenn ich in meinem Garten bin.
Gottesspuren im Grünen finden, © Schwabenverlag, Ostfildern 2006

Pappenheim, Bertha
S. 68, 111 aus: Pappenheim, Bertha: Gebete/Prayers, Herausgegeben von Elisa
Klapheck und Lara Dämmig, Hentrich & Hentrich, 2003

Peikert-Flaspöhler, Christa
S. 83 aus: Christa Peikert-Flaspöhler, Du träumst in mir, mein Gott, Topos plus
© 2000 Lahn-Verlag, Kevelaer, S. 40f, www.lahn-verlag.de
S. 103 aus: Christa Peikert-Flaspöhler, Du träumst in mir, mein Gott, Topos
plus © 2000 Lahn-Verlag, Kevelaer, S. 53, www.lahn-verlag.de

Pohlmann, Maria
S. 48 aus: Beratungsstelle für Gestaltung, MH 72 Segensworte und Segensgesten, Frankfurt am Main, 2. Aufl. 1998

Rosenstock, Heidi
S. 19 aus: Heidi Rosenstock/Hanne Köhler, Du Gott, Freundin der Menschen. Neue Texte und Lieder für Andachten und Gottesdienste, © KREUZ VERLAG, Stuttgart 4. Auflage 1998, S. 96

Schmale-Gebhard, Kerstin
S. 50 aus: Christiane Bundschuh-Schramm (Hrsg.), Wo die Liebe wohnt. Gottesdienste und Segensfeiern für Paare, © Schwabenverlag, Ostfildern 2005

Sinfonia Oecumenica
S. 117 aus einem ökumenischen Gottesdienst in Finnland 1997, veröffentlicht in: Werner D. / Aebi B. / Baltruweit F. (Hrsg.), Sinfonia Oecumenica, © Gütersloh 2001

Sölle, Dorothee
S. 178 aus: Dorothee Sölle, Loben ohne Lügen. Gedichte, © 2000 Wolfgang Fietkau Verlag, Kleinmachnow

Stein, Edith
S. 170 aus: Waltraud Herbstrith (Hrsg.), Edith Stein. Gedichte und Gebete

Strack, Hanna
S. 130: © Hanna Strack, www.hanna-strack.de

Strecker, Julia
S. 45: Dr. Julia Strecker, www.juliastrecker.de

Süß, Katja
S. 44 aus: Martin Schmeisser (Hrsg.), Gesegnetes Leben. Segensworte für den Tag, das Jahr und den Weg des Lebens, © Verlag am Eschbach der Schwabenverlag AG, Eschbach/Markgräflerland, 5. Auflage 2004

Voß-Goldstein, Christel
S. 11, 91 aus: Christel Voß-Goldstein, Balance zwischen Mundaufmachen und Händefalten, © KlensVerlag, Düsseldorf 1996
S. 113 aus: Christel Voß-Goldstein, Abel, wo ist deine Schwester?, © Klens-Verlag, Düsseldorf [3]1991

Weisgerber, Ilse
S. 33 aus: FrauenKirchenKalender 2000, S. 132, © Rechte bei der Autorin

S. 16, 18, 21, 22, 23, 25, 26, 27, 28, 29, 39, 40, 47, 52, 53, 57, 59, 60, 61, 62, 65, 69, 71, 75, 77, 81, 82, 85, 86, 88, 90, 92, 94, 96, 97, 100, 102, 105, 106, 107, 108, 109, 114, 115, 116, 118, 123, 125, 126, 128, 131, 133, 135, 144, 146, 147, 151, 152, 156, 162, 164, 166, 167, 168, 171, 172, 174, 175, 177, 179, © Schwabenverlag, Ostfildern

VERLAGSGRUPPE PATMOS

PATMOS
ESCHBACH
GRÜNEWALD
THORBECKE
SCHWABEN

Die Verlagsgruppe
mit Sinn für das Leben

Für die Schwabenverlag AG ist Nachhaltigkeit ein wichtiger Maßstab ihres Handelns. Wir achten daher auf den Einsatz umweltschonender Ressourcen und Materialien.
Dieses Buch wurde auf FSC®-zertifiziertem Papier gedruckt. FSC (Forest Stewardship Council®) ist eine nicht staatliche, gemeinnützige Organisation, die sich für eine ökologische und sozial verantwortliche Nutzung der Wälder unserer Erde einsetzt.

Neuausgabe des 2010 im Schwabenverlag erschienenen gleichnamigen Titels

Gestaltung: Finken & Bumiller, Stuttgart
Umschlagabbildung: PhotoCase.com
Druck: CPI – Ebner & Spiegel, Ulm
Hergestellt in Deutschland

ISBN 978-3-8436-0316-4